Geoffrey Rekier

Diagrama de atividade de modelação no Eclipse (MADE)

Geoffrey Rekier

Diagrama de atividade de modelação no Eclipse (MADE)

ScienciaScripts

Imprint
Any brand names and product names mentioned in this book are subject to trademark, brand or patent protection and are trademarks or registered trademarks of their respective holders. The use of brand names, product names, common names, trade names, product descriptions etc. even without a particular marking in this work is in no way to be construed to mean that such names may be regarded as unrestricted in respect of trademark and brand protection legislation and could thus be used by anyone.

Cover image: www.ingimage.com

This book is a translation from the original published under ISBN 978-3-659-87438-3.

Publisher:
Sciencia Scripts
is a trademark of
Dodo Books Indian Ocean Ltd. and OmniScriptum S.R.L publishing group

120 High Road, East Finchley, London, N2 9ED, United Kingdom
Str. Armeneasca 28/1, office 1, Chisinau MD-2012, Republic of Moldova, Europe
Managing Directors: Ieva Konstantinova, Victoria Ursu
info@omniscriptum.com

Printed at: see last page
ISBN: 978-620-8-63390-5

Resumo

O MADE é uma ferramenta para a gestão de projectos a partir de diagramas de actividades. Baseia-se no Eclipse Graphic Modeling Framework (GMF) e no Meta-Object Facility (MOF) Script. Pode ajudá-lo a ver o que não está a funcionar como planeado e a melhorar o seu fluxo de trabalho. Pode adicionar restrições que podem ser verificadas pela ferramenta e esta informará se algo correu mal ou dirá que está tudo bem.

O objetivo deste documento é analisar como podemos utilizar o Diagrama de Actividades para o Planeamento de Projectos. Para isso, utilizaremos o Desenvolvimento Orientado a Modelos.

Agradecimentos

Esta tese é apresentada ao Departamento de Informática da Universidade de Oslo como parte de um Mestrado. O trabalho apresentado nesta tese foi iniciado na Universidade de Oslo no grupo de Modelação e concluído no SINTEF.

Gostaria de agradecer ao meu supervisor, Dr. Oystein Haugen, pelo apoio e orientação para além do que eu poderia esperar. Mostrou paciência ao longo destes dois anos e fez sempre comentários construtivos para me colocar na direção certa, mesmo quando estava de férias.

Gostaria também de agradecer a Andreas Limyr que me deu uma introdução às ferramentas aqui utilizadas e a Svein Melby pela sua ajuda com o MOFscript.

Por último, tenho de agradecer à minha família pelo seu apoio, especialmente à minha mulher. Todos vós me deram o incentivo e o apoio moral de que necessitei para terminar esta tese.

Índice

1. Introdução

1.1. Motivações e antecedentes

O MADE começou em 2006 como um projeto para mostrar como podíamos gerar código a partir de um Diagrama de Actividades. Precisávamos de criar um editor de Diagramas de Atividade a partir do qual pudéssemos transformar. Isso significa que o editor deveria estar conectado a um modelo a partir do qual poderíamos trabalhar. Isso foi feito frequentemente com o Eclipse Modeling Framework (EMF)[1] e o Graphical Editing Framework (GEF)[2] como no SeDi. Mas pensámos no futuro GMF como uma ferramenta para isto porque o seu objetivo é transformar modelos num editor gráfico na plataforma Eclipse. Parecia ser a ferramenta perfeita para nós. Havia muitos projectos que começaram a utilizar o GMF para criar editores UML, como a ferramenta UML no Eclipse ou a modelação de Redes de Petri, e parecia que estavam a funcionar. Começámos com um simples editor de Diagramas de Classes e foi bastante fácil. Depois de alguns testes simples, tentámos criar um editor de Diagramas de Actividades e não correu muito bem. O GMF não estava a funcionar como esperado. Havia muitos bugs, ele gerava código com erros e travava muito, chegando a travar toda a plataforma Eclipse. Em suma, era novo e não era estável. Usamos muito tempo tentando fazer isso funcionar e, depois de cada correção que foi lançada e adquirindo melhor conhecimento do GMF, conseguimos. Criámos um editor de Diagramas de Atividade.

Depois disso, criámos uma transformação de modelo para texto que nos permitiria gerar algum código. Quisemos testar isto para conseguir gerir projectos, porque pensamos que os Diagramas de Atividade são bons para representar processos empresariais para um gestor de projectos com poucos conhecimentos de modelação. O objetivo era restrito, mas conseguimos mostrar que podemos gerar código a partir de Diagramas de Actividades e que podemos utilizar este código para controlo de projectos.

1.2. Diagrama de atividade UML

A UML é uma tecnologia da OMG que é definida pelo metamodelo UML. Esta é a especificação OMG mais utilizada e a forma como o mundo modela não só a estrutura, o comportamento e a arquitetura da aplicação, mas também o processo comercial e a estrutura de dados. A UML, juntamente com o Meta Object Facility (MOF™), também fornece uma base fundamental para a Arquitetura Orientada por Modelos da OMG, que tenta unificar todas as etapas de desenvolvimento e integração, desde a modelação empresarial, passando pela modelação arquitetónica e de aplicações, até ao desenvolvimento, implementação, manutenção e evolução.

A modelação de actividades[3] dá ênfase à sequência e às condições de coordenação dos comportamentos de nível inferior, e não aos classificadores que detêm esses comportamentos. Estes modelos são normalmente designados por modelos de fluxo de controlo e de fluxo de objectos. As acções coordenadas pelos modelos de atividade podem ser iniciadas quando outras acções terminam a sua execução, porque os objectos e os dados ficam disponíveis ou porque ocorrem eventos externos ao fluxo.

Os diagramas de atividade são normalmente utilizados para modelação de processos empresariais, para modelação da lógica capturada por um único caso de utilização ou cenário de utilização, ou para modelação da lógica detalhada de uma regra empresarial. Embora os diagramas de atividade UML possam

potencialmente modelar a lógica interna de uma operação complexa, seria muito melhor simplesmente reescrever a operação de forma a que seja suficientemente simples para que não seja necessário um diagrama de atividade. Em muitos aspectos, os diagramas de atividade UML são o equivalente orientado para os objectos dos fluxogramas e diagramas de fluxo de dados (DFD) do desenvolvimento estruturado[4].
O objetivo do diagrama de actividades é modelar o fluxo processual das acções que fazem parte de uma atividade maior. Nos projectos em que estão presentes casos de utilização, os diagramas de atividade podem modelar um caso de utilização específico a um nível mais detalhado. No entanto, os diagramas de atividade podem ser utilizados independentemente dos casos de utilização para modelar uma função a nível empresarial, como a compra de um bilhete para um concerto ou a inscrição num curso universitário.
Os diagramas de actividades também podem ser utilizados para modelar funções ao nível do sistema, como a forma como um mapa de dados de reservas de bilhetes preenche o armazém de dados de um sistema de vendas empresarial. Por modelar o fluxo processual, o diagrama de atividade se concentra na seqüência de ações de execução e nas condições que acionam ou protegem essas ações. O diagrama de atividade também se concentra apenas nas acções internas da atividade e *não* nas acções que chamam a atividade no seu fluxo de processo ou que desencadeiam a atividade de acordo com algum evento (por exemplo, são 12:30 do dia 13 de abril e os bilhetes para a digressão de verão do grupo Green Day já estão à venda).
Embora os Diagramas de Sequência UML possam retratar as mesmas informações que os Diagramas de Atividade, nós pessoalmente achamos que os diagramas de atividade são melhores para modelar funções de nível comercial. Isso ocorre porque os diagramas de atividade mostram todos os fluxos de seqüência potenciais em uma atividade, enquanto um diagrama de seqüência normalmente mostra apenas um fluxo de uma atividade. Além disso, os gestores de empresas e o pessoal dos processos empresariais parecem preferir diagramas de actividades em vez de diagramas de sequência - um diagrama de actividades tem um aspeto menos "técnico" e, por isso, é menos intimidante para os empresários. Além disso, os gestores de empresas estão habituados a ver diagramas de fluxo, pelo que o "aspeto" de um diagrama de actividades é familiar.

1.3. Plataforma Eclipse

A Eclipse[5, 6] é uma comunidade de código aberto cujos projectos se centram na construção de uma plataforma de desenvolvimento aberta composta por quadros, ferramentas e tempos de execução extensíveis para a construção, implantação e gestão de software ao longo do ciclo de vida. Um ecossistema vasto e vibrante de grandes fornecedores de tecnologia, empresas inovadoras em fase de arranque, universidades, instituições de investigação e indivíduos alargam, complementam e apoiam a plataforma Eclipse.
O Eclipse começou como um projeto da IBM Canadá. Foi desenvolvido pela OTI (Object Technology International) como substituto do VisualAge, que por sua vez tinha sido desenvolvido pela OTI. Em novembro de 2001, foi formado um consórcio para promover o desenvolvimento do Eclipse como código aberto. Em 2003, foi criada a Fundação Eclipse.

O Eclipse 3.0 (lançado em 21 de junho de 2004) selecionou as especificações da Plataforma de Serviços OSGi como arquitetura de tempo de execução. O Eclipse foi originalmente lançado sob a Common Public License, mas foi posteriormente relicenciado sob a Eclipse Public License. A Free Software Foundation afirmou que ambas as licenças são licenças de software livre, mas são incompatíveis com a GNU General Public License (GPL). Mike Milinkovich, da Fundação Eclipse, comentou que a mudança para a GPL será considerada quando a versão 3 da GPL for lançada.

O subprojecto Eclipse Platform fornece as estruturas e serviços centrais sobre os quais são criadas todas as extensões de plug-ins. Ele também fornece o tempo de execução no qual os plug-ins são carregados, integrados e executados. O principal objetivo do subprojeto Plataforma é permitir que outros desenvolvedores de ferramentas criem e forneçam facilmente ferramentas integradas.

A própria plataforma Eclipse é uma espécie de plataforma de ferramentas universal - é um IDE para tudo e nada em particular. Pode lidar com qualquer tipo de recurso (ficheiros Java, ficheiros C, ficheiros Word, ficheiros HTML, ficheiros JSP, etc.) de uma forma genérica, mas não sabe como fazer nada que seja específico de um determinado tipo de ficheiro. A plataforma Eclipse, por si só, não fornece uma grande quantidade de funcionalidades ao utilizador final - o que é interessante é o que permite. O verdadeiro valor vem dos plug-ins de ferramentas para o eclipse que "ensinam" a plataforma a trabalhar com estes diferentes tipos de recursos. Esta arquitetura de ligação permite ao utilizador final uma experiência mais simples do que nunca quando se desloca entre diferentes ferramentas.

A plataforma Eclipse define um conjunto de estruturas e serviços comuns que, coletivamente, constituem o "software de integração" necessário para suportar uma plataforma abrangente de integração de ferramentas. Estes serviços e estruturas representam as facilidades comuns exigidas pela maioria dos construtores de ferramentas, incluindo uma interface de utilizador de bancada de trabalho padrão e um modelo de projeto para gerir recursos, widgets nativos portáteis e bibliotecas de interface de utilizador, gestão automática de delta de recursos para compiladores e construtores incrementais, infraestrutura de depuração independente da linguagem e infraestrutura para gestão distribuída de recursos com versões para vários utilizadores.

Além disso, a plataforma Eclipse define uma interface de utilizador de bancada de trabalho e um conjunto de paradigmas comuns de interação com o utilizador, independentes do domínio, que os criadores de ferramentas utilizam para acrescentar novas capacidades. A plataforma é fornecida com um conjunto de vistas padrão que podem ser alargadas pelos criadores de ferramentas. Os criadores de ferramentas podem adicionar novas vistas e ligar novas capacidades específicas do domínio às vistas existentes.

Quando as pessoas falam do Eclipse, referem-se muitas vezes ao Eclipse Software Development Kit (SDK), que é um dos principais ambientes de desenvolvimento integrado (IDE) Java™ e a melhor ferramenta disponível para a criação de produtos baseados na plataforma Eclipse. O Eclipse SDK, uma peça fundamental da tapeçaria Eclipse, é uma combinação dos esforços de vários projectos Eclipse, incluindo a Plataforma [http://eclipse.org/platform], as Ferramentas de Desenvolvimento Java (JDT

[http://eclipse.org/jdt]) e o Ambiente de Desenvolvimento de Plug-ins (PDE [http://eclipse.org/pde]).
Na sua totalidade, a Plataforma Eclipse contém a funcionalidade necessária para construir um IDE. No entanto, a plataforma Eclipse é uma composição de componentes; usando um subconjunto desses componentes, é possível criar aplicativos arbitrários. A Eclipse Rich Client Platform (RCP) é um desses subconjuntos de componentes. A Figura 1 mostra uma representação de alguns dos componentes da Plataforma Eclipse e destaca o subconjunto que compõe a RCP (na realidade, existem muitos mais componentes).

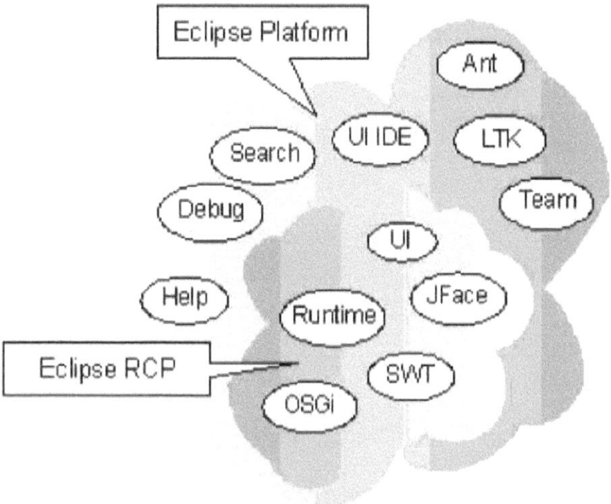

Figura 1-1 A Eclipse Rich Client Platform (RCP) é um subconjunto da Plataforma Eclipse.

A plataforma Eclipse é mais do que apenas uma base para a criação de ambientes de desenvolvimento: é uma base para a criação de ferramentas e aplicações arbitrárias. O RCP está a ser utilizado para criar aplicações arbitrárias que nada têm a ver com o desenvolvimento de software em diversas áreas que incluem a banca, a indústria automóvel, a medicina e a exploração espacial. Como o nome "cliente rico" implica, o Eclipse RCP é uma boa plataforma para a criação de aplicações que funcionam em conjunto com servidores de aplicações, bases de dados e outros recursos de backend para proporcionar uma experiência de utilizador rica no ambiente de trabalho.

Uma das principais vantagens da plataforma Eclipse é a sua utilização como ponto de integração. A construção de uma ferramenta ou aplicação sobre a plataforma Eclipse permite que a ferramenta ou aplicação se integre com outras ferramentas e aplicações também escritas utilizando a plataforma Eclipse. A plataforma Eclipse é transformada num IDE Java através da adição de componentes de desenvolvimento Java (por exemplo, o JDT) e é transformada num IDE C/C++ através da adição de componentes de desenvolvimento C/C++ (por exemplo, o CDT [http://eclipse.org/cdt]). Torna-se um ambiente de desenvolvimento Java e C/C++ ao adicionar ambos os conjuntos de componentes. A plataforma Eclipse integra as ferramentas individuais num único produto, proporcionando uma experiência rica e coerente aos seus utilizadores.

A integração também se estende ao espaço do cliente avançado. Uma organização pode dividir o desenvolvimento de componentes de aplicações entre equipas de desenvolvimento e depois integrar os resultados utilizando a Eclipse Rich Client Platform. Isso não trivializa o processo de desenvolvimento de aplicações em larga escala, mas torna a integração mais fácil. Talvez a caraterística mais óbvia que a plataforma Eclipse fornece é um sistema de janelas gerenciadas. Os componentes da interface do utilizador fazem parte deste sistema (incluindo campos de entrada, botões de pressão, tabelas e vistas em árvore), mas há mais. A plataforma fornece gestão do ciclo de vida da janela, vistas e editores acoplados, a capacidade de contribuir com itens de menu e barras de ferramentas, e arrastar e largar.

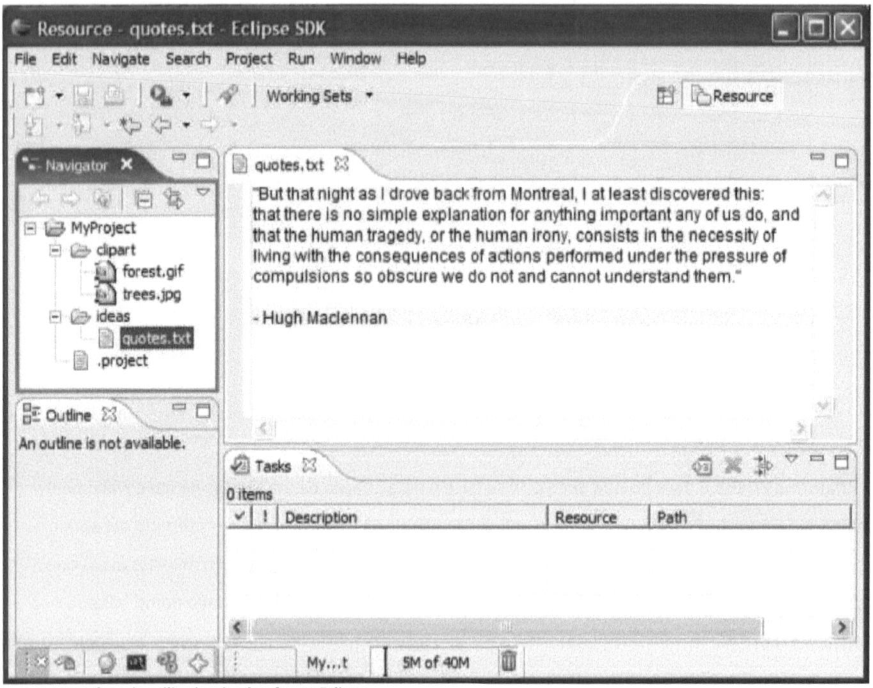

Figura 1-2 Interface de utilizador da plataforma Eclipse

A Figura 1-2 mostra uma captura de ecrã da janela principal do workbench, tal como aparece apenas com os componentes genéricos padrão que fazem parte da Plataforma Eclipse.

A vista do navegador (Figura 1-2 , canto superior esquerdo) mostra os ficheiros no espaço de trabalho do utilizador. O editor de texto (canto superior direito) mostra o conteúdo de um ficheiro. A vista de tarefas (em baixo à direita) mostra uma lista de tarefas. A vista de esboço (em baixo à esquerda) mostra um esboço do conteúdo do ficheiro que está a ser editado (não disponível para ficheiros de texto simples). Embora a Plataforma Eclipse tenha muitas funcionalidades incorporadas, a maioria delas é muito genérica. São necessárias ferramentas adicionais para alargar a plataforma de modo a trabalhar com novos tipos de conteúdos, para fazer coisas novas com os tipos de conteúdos existentes e para concentrar a funcionalidade genérica em algo específico.

A plataforma Eclipse é construída sobre um mecanismo para descobrir, integrar e executar módulos chamados plug-ins, que por sua vez são representados como pacotes baseados na especificação OSGi. Um fornecedor de ferramentas escreve uma ferramenta como um plug-in separado que opera em ficheiros no espaço de trabalho e apresenta a sua IU específica da ferramenta no workbench. Quando a plataforma é lançada, é apresentado ao utilizador um ambiente de desenvolvimento integrado (IDE) composto pelo conjunto de plug-ins disponíveis. A qualidade da experiência do utilizador depende significativamente da forma como todas as ferramentas se integram na plataforma e da forma como as várias ferramentas funcionam entre si.

Este sistema de plug-ins permite-nos criar o nosso próprio add-in ao Eclipse para podermos adicionar as funcionalidades que quisermos. É isso que vamos fazer no nosso projeto. Vamos criar um plugin do Eclipse para desenhar Diagramas de Atividade e transformá-lo em Código Java que podemos executar.

1.4. Planeamento/Controlo de projectos

À medida que progredimos na nossa carreira, deparamo-nos com desafios cada vez mais complexos e difíceis. Alguns deles podem ser enormes - podem envolver a coordenação de muitas pessoas diferentes, a realização de muitas tarefas numa sequência precisa e o dispêndio de muito tempo e dinheiro.

A chave para um projeto bem sucedido está no planeamento. Criar um plano de projeto é a primeira coisa que se deve fazer quando se empreende qualquer tipo de projeto. Muitas vezes, o planeamento do projeto é ignorado em favor da continuação do trabalho. No entanto, muitas pessoas não conseguem perceber o valor de um plano de projeto para poupar tempo, dinheiro e muitos problemas.

A gestão de projectos[7] é a disciplina que consiste em planear, organizar e gerir recursos para realizar com êxito as metas e os objectivos específicos de um projeto. Um projeto é um esforço finito - com datas de início e de conclusão específicas - empreendido para criar um produto ou serviço único que acrescenta mudanças benéficas ou valor acrescentado. Esta caraterística finita dos projectos contrasta fortemente com os processos, ou operações, que são trabalhos funcionais permanentes ou semipermanentes para produzir repetidamente o mesmo produto ou serviço. Na prática, a gestão destes dois sistemas é muitas vezes bastante diferente e, como tal, requer o desenvolvimento de competências técnicas distintas e a adoção de uma filosofia de gestão distinta, que é o tema do presente artigo.

O principal desafio da gestão de projectos é atingir todas as metas e objectivos do projeto, respeitando as restrições clássicas do projeto - normalmente, âmbito, qualidade, tempo e orçamento. O desafio secundário - e mais ambicioso - é otimizar a atribuição e a integração dos inputs necessários para atingir os objectivos pré-definidos. Um projeto é um conjunto de actividades cuidadosamente definido que utiliza recursos (dinheiro, pessoas, materiais, energia, espaço, provisões, comunicação, motivação, etc.) para atingir as metas e os objectivos do projeto.

1.5. Geração de código

Existem diferentes definições de geração de código, dependendo de onde o código é gerado. O nosso interesse é o código gerado a partir do Diagrama de Actividades, pelo que definimos a nossa geração de código como geração a partir do modelo. Conseguimos isso com uma transformação de modelo que muda o nosso modelo para um texto. Este texto é o código fonte do nosso sistema.

Dave Thomas da The Pragmatic Programmers, LLC[8] é um autor e engenheiro bem conhecido. Ele diz o seguinte sobre a geração de código:

Quase toda a computação tem a ver com a descoberta e exploração de vantagens. O computador como ferramenta permite-nos ampliar as nossas capacidades em certos domínios muito restritos. Como programadores, o nosso trabalho é expandir esses domínios, permitindo aos nossos utilizadores tirar partido dos computadores de novas formas.

Mas esquecemo-nos muitas vezes de que esta vantagem está ao nosso alcance nos nossos próprios empregos. Por vezes, isso deve-se apenas ao facto de estarmos tão familiarizados com uma ideia ou forma de fazer as coisas que nunca nos ocorre expandi-la. Desta forma, somos como os filhos do sapateiro, gerando soluções para outras pessoas, mas não para nós próprios.

A utilização de geradores de código é extremamente importante para a conceção de sistemas precisos e passíveis de manutenção. Os geradores de código ajudam de várias maneiras importantes:

1. Ajudam a eliminar a duplicação e, ao fazê-lo, reduzem o acoplamento. Com um gerador de código, é possível definir uma ideia ou um conceito uma vez e depois ter essa informação expressa de várias formas diferentes em todo o sistema. Se o fizer corretamente, este é um excelente exemplo do nosso princípio DRY (Do not Repeat Yourself): cada conhecimento deve ter uma representação única, autorizada e inequívoca num sistema
2. Os geradores de código permitem-nos codificar mais próximo do domínio do utilizador. Podemos adicionar abstracções utilizando geradores de código que seriam difíceis de expressar apenas em código Java puro. Isto é importante: um bom código tem tudo a ver com a construção de níveis de abstração e quanto mais elevado for o nível final, mais fácil será exprimir a intenção do utilizador.
3. Os geradores de código reduzem o trabalho. Os computadores fazem coisas repetitivas mais depressa, mais barato e com mais precisão do que nós. Leibnitz disse que "é indigno de homens excelentes perder horas como escravos no trabalho de cálculo". Comecemos a utilizar os computadores para nos ajudarem a tornar o nosso trabalho mais fácil.

2. Antecedentes

2.1. Introdução teórica

2.1.1. UML

A Linguagem de Modelação Unificada tornou-se uma tecnologia do Grupo de Gestão de Objectos (OMG)[3] em 1997. Era uma combinação de diferentes abordagens de modelação bem conhecidas. No início do ano de 2006, a documentação (oficial) sobre a UML 2.1 foi publicada pelo OMG[3]. Nesta documentação foram publicadas as definições e descrições novas e actualizadas do Diagrama de Actividades. A definição foi actualizada no início de abril de 2006 com as últimas alterações. Estas alterações consistiram principalmente na edição do texto da definição atual para clarificar o seu conteúdo e torná-lo mais fácil de compreender.

Os diagramas de atividade são diagramas que realçam a sequência e as condições para coordenar comportamentos de nível inferior. Mas também são utilizados para descrever actividades de alto nível. Uma atividade é composta por acções e cada ação pode ser uma atividade. Por exemplo, temos uma ação que consiste em "enviar uma fatura". Podemos descrever melhor esta ação, transformando-a numa atividade que mostraria detalhes. A ação "Enviar fatura" torna-se uma atividade em que primeiro obtemos a informação, escrevemos a fatura e depois enviamo-la. O princípio é que deve descrever cada atividade a um nível elevado. Deve decompor as actividades. Para o fazer, cria-se um novo diagrama de actividades para descrever esta atividade de nível superior com alguns diagramas de nível inferior e assim sucessivamente até se obter uma descrição muito precisa do sistema. Estes diagramas de atividade de nível superior são normalmente designados por modelos de fluxo de controlo e de fluxo de objectos. As acções de um diagrama de actividades são iniciadas quando outras acções terminam, quando ocorre um novo evento externo ao fluxo ou quando os dados e objectos ficam disponíveis.

Alguns consideram os diagramas de atividade muito próximos das redes de Petri[9] ou do diagrama de estados[10], mas são um pouco diferentes. Quando chegamos a um estado num diagrama de estados, estamos à espera de um gatilho para avançar, mas as actividades de um diagrama de actividades não estão à espera. Quando a ação está concluída, passamos à seguinte.

Quanto à comparação com as redes de Petri, Rik Eshuis[11] afirma que a principal diferença é que os diagramas de atividade não se destinam à modelação do fluxo de trabalho porque a semântica não é formal. O seu objetivo é utilizar esta semântica para analisar modelos de fluxos de trabalho em notação de diagramas de actividades através da verificação de modelos.

As diferentes partes de um Diagrama de Actividades são designadas por actividades e acções. Isto significa que uma atividade pode conter outras actividades. Nesse caso, estas devem ser desenhadas no seu próprio diagrama de actividades. Um diagrama de actividades tem diferentes níveis com diferentes metaclasses: fundamental, básico, intermédio, completo, estruturado, estruturado completo e estrutura extra.

O nível fundamental define as actividades como nós que incluem acções. O nível básico inclui a sequenciação do controlo e o fluxo de dados entre acções, mas não suporta bifurcações, junções, decisões e fusões explícitas. O nível intermédio acrescenta o suporte de bifurcação, junção, decisão e fusão ao nível básico e requer o nível básico. O nível completo inclui construções que melhoram os modelos de nível inferior. O nível estruturado suporta a modelação de construções tradicionais de programação estruturada, tais como sequências, loops e condicionais, como complemento dos nós de atividade fundamentais. Requer o nível fundamental e é compatível com os níveis intermédio e completo. O nível estruturado completo acrescenta suporte para pinos de saída de sequência, condicionais e loops. Também depende do nível básico para os fluxos. E o nível de estrutura extra suporta o tratamento de erros e requer o nível de estrutura.

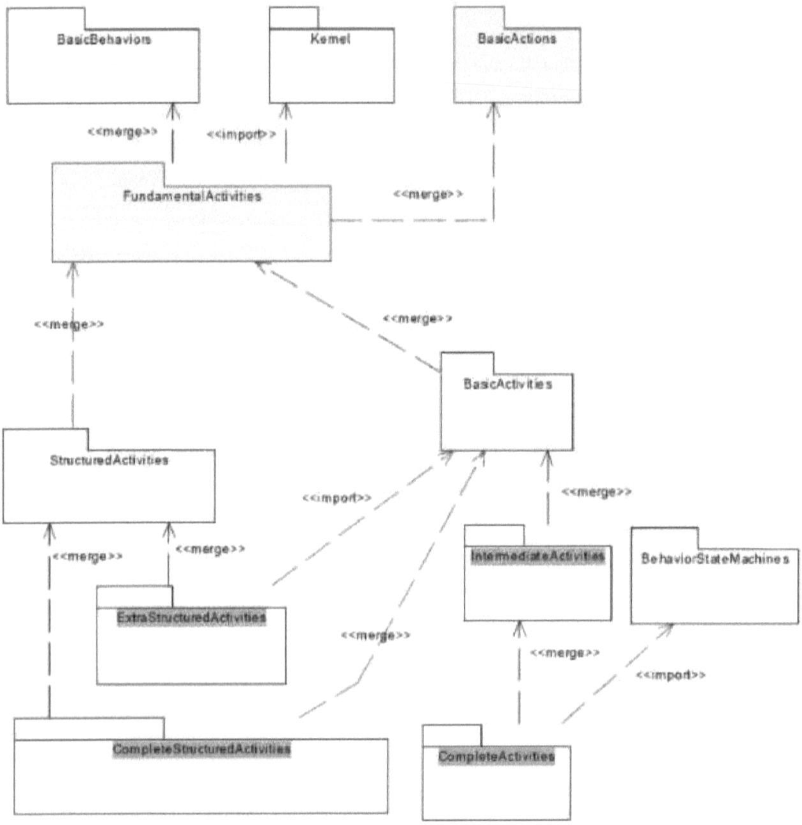

Figura 2-1 Dependências dos pacotes de actividades

A Figura 2-1 mostra as dependências dos pacotes de actividades. Este é apenas o exemplo de um nível estruturado completo. Existem 23 outros metamodelos que descrevem os pacotes de actividades nos diferentes níveis.

É possível encontrar metamodelos para cada parte do Diagrama de Atividade, mas não vamos mostrá-los todos aqui.

Para entender completamente o Diagrama de Atividades UML, devemos explicar cada classe que ele contém. Existem 52 classes, pelo que apresentaremos aqui apenas algumas delas, não todas. Veja a documentação da UML para uma referência completa[3].

2.1.1.1. Ação

Uma ação representa uma única etapa dentro de uma atividade, o que significa que uma ação não é decomposta. No entanto, uma ação de comportamento de chamada pode fazer referência a uma definição de atividade, caso em que a execução da ação implica a execução da atividade com todas as suas acções. Pode ter conjuntos de arestas de atividade de entrada e de saída que especificam o fluxo de controlo e o fluxo de dados de e para outros nós. Uma ação só começa a ser executada quando todas as suas condições de entrada são satisfeitas. A conclusão da execução de uma ação pode permitir a execução de um conjunto de nós sucessores e de acções que obtêm os seus inputs a partir dos outputs da ação. Pode ser alargado para ter condições prévias e posteriores. Estas são restrições que devem ser mantidas quando a execução da ação começa e termina.

Num Diagrama de Atividade, uma ação assemelha-se a um retângulo com cantos redondos. As condições prévias e posteriores são vistas como notas com as palavras-chave "localPrecondition" e "localPostcondition"

2.1.1.2. Atividade

Uma atividade é a especificação de um comportamento parametrizado como sequência coordenada de unidades subordinadas cujos elementos individuais são acções e/ou actividades. Especifica a coordenação das execuções de comportamentos subordinados, utilizando um modelo de controlo e de fluxo de dados. Os comportamentos subordinados coordenados por estes modelos podem ser iniciados porque outros comportamentos no modelo terminam a sua execução, porque os objectos e os dados ficam disponíveis ou porque ocorrem eventos externos ao fluxo. As actividades podem conter acções de diferentes tipos. A maioria das construções do Diagrama de Actividades trata de vários mecanismos para sequenciar o fluxo de controlo e de dados entre as acções.

A notação de uma atividade é uma combinação das notações dos nós e arestas que contém, mais um contorno e um nome apresentado no canto superior esquerdo.

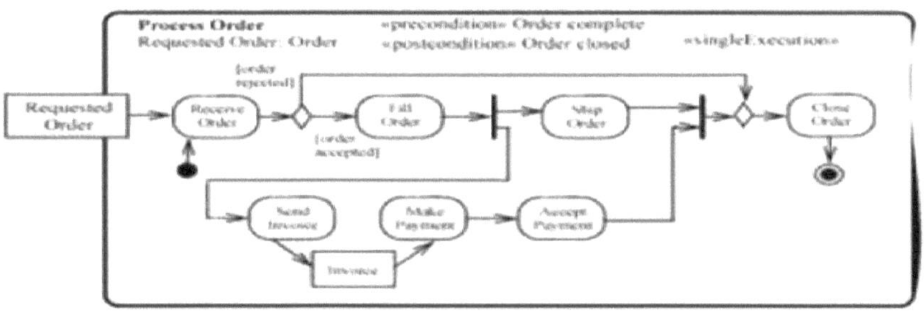

Figura 2-2: exemplo de um diagrama de actividades

A Figura 2-2 mostra o aspeto de um diagrama de actividades com os elementos mais comuns.

2.2. Eclipse

O Eclipse[5] foi escolhido por duas razões principais. Em primeiro lugar, é uma plataforma gratuita e bem conhecida, reconhecida por muitos como um padrão elevado de desenvolvimento e que fornece ferramentas para o desenvolvimento na plataforma, o Eclipse Plug-in Development Environment (PDE). Em segundo lugar, dispõe de poderosas ferramentas de modelação: o Eclipse Modelling Framework (EMF).

2.2.1. Eclipse Modeling Framework (EMF)

O EMF[1, 12] é uma estrutura de modelação e uma facilidade de geração de código para a criação de ferramentas e outras aplicações baseadas num modelo de dados estruturado. Fornece ferramentas para produzir um conjunto de classes Java a partir de um modelo e de um editor básico. É composto por três partes: a estrutura central, a estrutura de edição e a facilidade de geração de código. No EMF, os modelos utilizados são designados por modelos ecore (ver Figura 2-3 para um exemplo).

A estrutura central inclui um metamodelo para descrever modelos e suporte de tempo de execução para os modelos, a estrutura de edição inclui classes para construir editores e a facilidade de geração de código é capaz de gerar tudo o que é necessário para construir um editor completo para um modelo EMF. A estrutura inclui uma GUI a partir da qual as opções de geração podem ser especificadas.

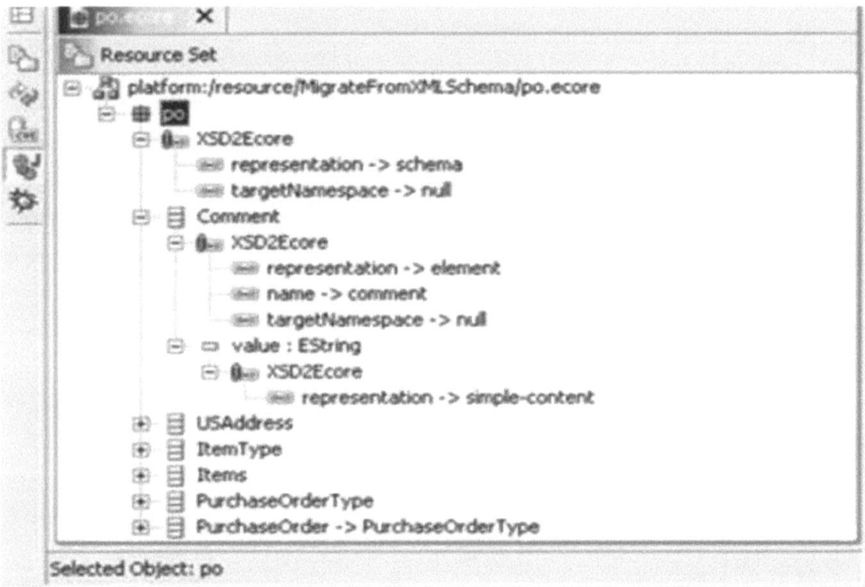

Figura 2-3 um modelo ecore

O modelo ecore aqui (Figura 2-3) é mostrado como uma árvore. Esta é uma das muitas formas de o ver no Eclipse.

O CEM é composto por três elementos fundamentais:

- **EMF** - O núcleo da estrutura EMF inclui um meta-modelo (Ecore) para descrever modelos e suporte de tempo de execução para os modelos, incluindo notificação de alterações, suporte de persistência com serialização XMI predefinida e uma API reflexiva muito eficiente para manipular objectos EMF de forma genérica.

- **EMF.Edit** - A estrutura EMF.Edit inclui classes reutilizáveis genéricas para a criação de editores para modelos EMF. Ele fornece:

o Classes de fornecedor de conteúdos e etiquetas, suporte de fontes de propriedades e outras classes de conveniência que permitem que os modelos EMF sejam apresentados utilizando visualizadores de ambiente de trabalho padrão (JFace) e folhas de propriedades.

o Uma estrutura de comandos, incluindo um conjunto de classes de implementação de comandos genéricos para a construção de editores que suportam desfazer e refazer totalmente automáticos.

- **EMF.Codegen** - O recurso de geração de código EMF é capaz de gerar tudo o que é necessário para construir um editor completo para um modelo EMF. Inclui uma GUI a partir da qual as opções de geração podem ser especificadas e os geradores podem ser invocados. O recurso de geração utiliza o componente JDT (Java Development Tooling) do Eclipse.

São suportados três níveis de geração de código no EMF:

- **Modelo** - fornece interfaces Java e classes de implementação para todas as classes do modelo, para além de uma classe de implementação de fábrica e de pacote (meta-dados).
- **Adaptadores** - gera classes de implementação (denominadas ItemProviders) que adaptam as classes do modelo para edição e visualização.
- **Editor** - produz um editor devidamente estruturado que está em conformidade com o estilo recomendado para os editores de modelos EMF do Eclipse e serve como ponto de partida para começar a personalizar.

Todos os geradores suportam a regeneração de código, preservando as modificações do utilizador. Os geradores podem ser invocados através da GUI ou sem cabeça a partir de uma linha de comando.

2.2.2. O plug-in UML2

O plug-in UML2[13, 14] é uma implementação baseada em EMF do metamodelo UML 2. Fornece um suporte API Java para manipular modelos UML 2.0. O UML2 fornece uma implementação para apoiar o desenvolvimento de ferramentas de modelação com um esquema XMI comum e regras de validação para definir níveis de conformidade. Foi atualizado no verão de 2006 para UML 2.1, pelo que trabalhámos com um modelo atualizado no nosso projeto.

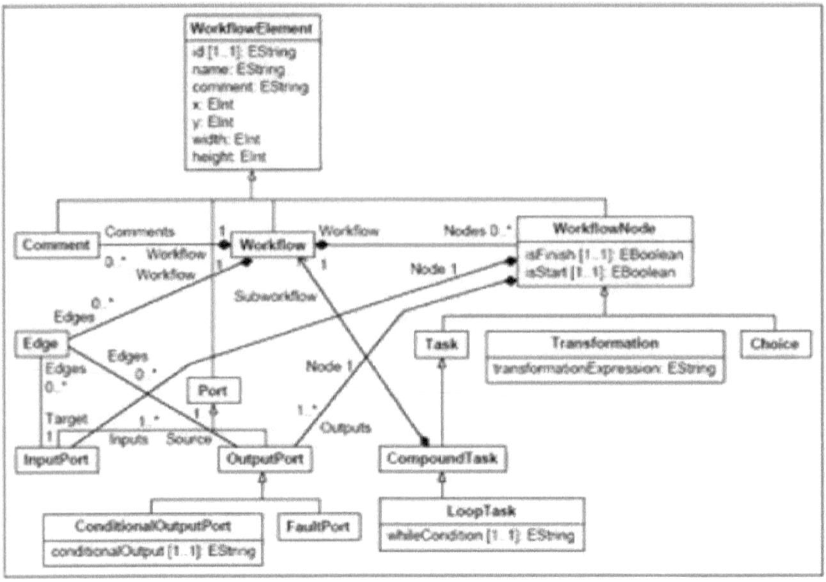

Figura 2-4 Um modelo UML no Eclipse

A Figura 2-4 mostra como os diferentes elementos são representados no plug-in UML do Eclipse.

O projeto Eclipse também inclui um conjunto de editores baseados em GMF para visualizar e editar modelos UML, denominado UML2 Tools

2.2.3. Ambiente de desenvolvimento de plug-ins do Eclipse (PDE)

Ao criar um plug-in para o eclipse, tem de criar o ficheiro de manifesto do plug-in (plugin.xml), especificar o tempo de execução do plug-in e outros plug-ins necessários, definir pontos de extensão, incluir a sua marcação específica, associar ficheiros XML Schema, etc. O projeto PDE fornece uma série de vistas e editores que facilitam a criação de plug-ins para o Eclipse. Está dividido em duas partes: a construção e a interface de utilizador (IU). A construção facilita a automatização dos processos de construção de plug-ins e a IU fornece assistentes para criação, importação, exportação, construção e implementação, um editor, um lançador para testar e depurar, um motor de busca e um registo.

Um dos muitos feiticeiros do PDE:

Figura 2-5 O assistente de projeto de novo plug-in no Eclipse

A Figura 2-5 mostra a primeira janela do assistente de criação de novos projectos de plug-in.

2.2.4. FGM

O Eclipse Graphical Modeling Framework (GMF) [2] fornece um componente generativo e uma infraestrutura de tempo de execução para o desenvolvimento de editores gráficos baseados em EMF e GEF. Por exemplo, uma ferramenta de modelação UML, um editor de fluxos de trabalho, etc. Basicamente, uma superfície de edição gráfica para qualquer modelo de domínio em EMF que se deseje. O projeto visa fornecer estes componentes, para além de ferramentas exemplares para modelos de domínios selecionados que ilustram as suas capacidades. O objetivo do Graphical Modeling Framework (GMF) é permitir que os programadores criem um editor gráfico rico orientado para a modelação a partir de um modelo de aplicação existente.

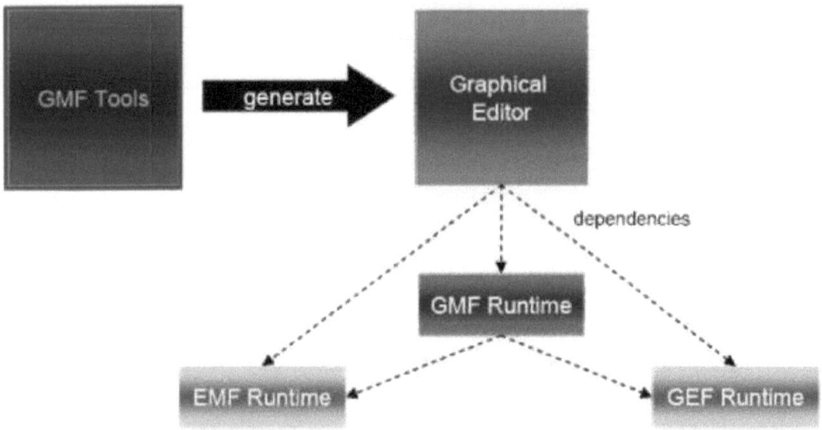

Figura 2-6 Mostra como o GMF está a funcionar

É um dos subprojectos do projeto de modelação Eclipse de nível superior. Este projeto foi anunciado na EclipseCon 2005. A primeira versão do GMF foi lançada como parte do Callisto Simultaneous Release em junho de 2006, com uma próxima versão de manutenção no final de setembro. A segunda grande versão foi a 2.0 e fez parte da versão simultânea Europa. Conforme especificado, o GMF consiste em duas partes - generativa e de tempo de execução. A parte de tempo de execução pode ser descrita como um conjunto de plug-ins que alargam a funcionalidade existente do EMF e do GEF. O tempo de execução permite uma integração mais fácil entre o EMF e o GEF e fornece serviços adicionais como: suporte de transacções, facilidades de meta-modelagem alargadas, meta-modelo de notação, pontos de variabilidade utilizados para a extensibilidade do código gerado em tempo de execução, etc. O tempo de execução GMF requer EMF e GEF, uma vez que liga os dois para facilitar a sua utilização.

A parte generativa oferece principalmente aos utilizadores a possibilidade de definir diagramas futuros utilizando modelos CEM especialmente concebidos e gerar código utilizando esta informação.

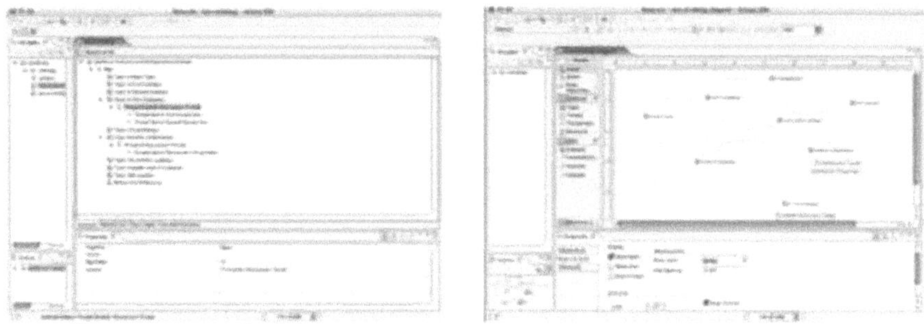

Figura 2-7 Diferença entre antes e depois do FGM

O GMF também oferece muitos componentes reutilizáveis para editores gráficos, tais como barras de ação, pegas de ligação, compartimentos recolhidos, figuras geométricas, barra de ferramentas, vista de propriedades, acções e muito mais. Também podemos notar que a geração de código é feita com o Java Emitter Template (JET), mas utilizámos o MOFScript para a nossa geração de código. O GMF requer uma codificação mínima por parte do utilizador em comparação com o GEF. Os utilizadores só precisam de conceber alguns modelos para definir o que pretendem fazer. Existem seis modelos no GMF, todos eles são modelos EMF guardados como XML e o utilizador do GMF tira partido do editor EMF para os editar:

- O centro de qualquer projeto GMF é o Modelo de Domínio, onde o utilizador especifica o meta-modelo com que vai trabalhar. A partir daí, o utilizador pode utilizar assistentes para ajudar a conceber os restantes modelos ou concebê-los com o editor EMF.
- O modelo de geração de domínio deriva diretamente do modelo de domínio e é utilizado na geração de código.
- O Modelo de Definição Gráfica é onde o utilizador define como cada Nó, Ligação e Etiqueta será representado.
- O modelo Tooling Def é onde o usuário definirá qual elemento estará disponível na barra lateral do editor. No Eclipse, isso é chamado de Paleta.
- O modelo de mapeamento onde o utilizador mapeará os elementos. Um exemplo simples é pegar num elemento do meta-modelo que o utilizador tem no Modelo de domínio. Mapeá-lo para uma representação gráfica do Modelo de definição gráfica e adicionar-lhe uma ferramenta da paleta definida no Modelo de definição de ferramentas.
- O último modelo é o Modelo de geração do editor de diagramas. É transformado a partir do Modelo de Mapeamento e é o modelo a partir do qual o utilizador transformará o código do plug-in.

Para uma visão geral completa dos modelos utilizados no MADE e como avançar através do GMF, consulte o Anexo.

2.2.5. MOFScript

O MOFScript[15] tem por objetivo desenvolver ferramentas e quadros para apoiar transformações de modelos em texto, por exemplo, para apoiar a geração de código de implementação ou documentação a partir de modelos. Deve fornecer uma estrutura independente de metamodelo que permita a utilização de qualquer tipo de metamodelo e das suas instâncias para a geração de texto. O MOFScript é uma ferramenta e um motor de transformação de texto baseado no Eclipse. Foi desenvolvido como parte dos projectos europeus MODELWARE e MODELPLEX. É fornecido com um editor lexical Eclipse e um motor de transformação para gerar texto.

A linguagem MOFScript é atualmente uma candidata no processo RFP da OMG sobre a transformação de modelos MOF em texto. O subprojecto MOFScript tem como objetivo apoiar a linguagem MOFScript em termos de edição, análise e execução, e procurará cumprir a direção das possíveis tecnologias futuras.

O subprojecto abrangerá os aspectos necessários no contexto da geração de texto em engenharia de software, incluindo

- Geração de texto a partir de modelos baseados em MOF: A capacidade de gerar texto a partir de qualquer modelo baseado em MOF, por exemplo, modelos UML ou qualquer tipo de modelo de domínio.
- Mecanismos de controlo: A capacidade de especificar mecanismos de controlo básicos, tais como loops e declarações condicionais.
- Manipulação de cadeias de caracteres: A capacidade de manipular valores de cadeia.
- Saída de expressões que referenciam elementos do modelo.
- Produção de recursos de saída (ficheiros): A capacidade de especificar o ficheiro de destino para a geração de texto.
- Rastreabilidade entre modelos e texto gerado: A capacidade de gerar e utilizar a rastreabilidade entre os modelos de origem e o texto gerado, por exemplo, para permitir a regeneração.
- Facilidade de utilização: Uma interface fácil de utilizar.

A engenharia inversa é mantida fora do âmbito de aplicação neste momento, mas pode ser incluída no âmbito de aplicação numa fase posterior.

Neste momento, foi desenvolvido código que suporta a análise, verificação, edição e execução de código MOFScript. Atualmente, estes são implementados como componentes de plug-in Eclipse separados, que são executados no Eclipse. O analisador e o tempo de execução também podem ser usados independentemente do Eclipse.

O código seguinte está pronto para ser submetido a um subprojecto MOFScript do Eclipse:

- Módulo do modelo MOFScript: O modelo MOFScript é um modelo EMF/ecore, que é o alvo do analisador e o objeto do motor de tempo de execução/execução.
- Módulo analisador: O analisador lê o texto MOFScript e produz uma instância do modelo MOFScript, que também é verificado semanticamente.
- Módulo de tempo de execução: O tempo de execução fornece um ambiente de execução para um modelo MOFScript. Ele lida com todos os aspectos da execução.
- Módulo editor: O editor fornece um ambiente de editor Eclipse para a linguagem MOFScript, incluindo assistência de conteúdo, preferências, outliner, documentação e muito mais.

Será igualmente disponibilizado um primeiro guia do utilizador e exemplos.

A ferramenta MOFScript é desenvolvida em duas partes arquitectónicas lógicas principais: componentes de ferramentas e componentes de serviços. Os componentes da ferramenta são ferramentas para o utilizador final que fornecem as capacidades de edição e interação com os serviços. Os serviços fornecem capacidades de análise, verificação e execução da linguagem de transformação. A linguagem é representada por um modelo (o modelo MOFScript), um modelo EMF preenchido pelo analisador. Este modelo é a base para a verificação semântica e a execução. A ferramenta MOFScript é implementada em , um plug-in Eclipse que utiliza o plug-in EMF para a manipulação de modelos e metamodelos.

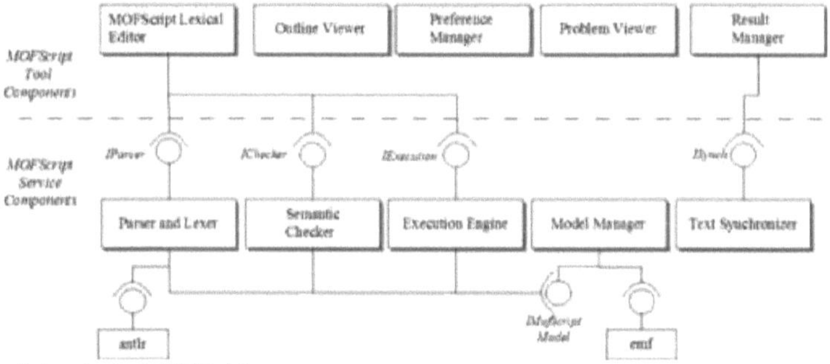

Figura 2-8 Arquitetura do plug-in MOFScript

Os componentes de serviço são constituídos por estes componentes: O Model Manager é um componente baseado em EMF que trata da gestão de modelos MOFScript. O Parser e o Lexer são responsáveis pela análise das definições textuais das transformações MOFScript e pela criação de um modelo MOFScript utilizando o Model Manager. O analisador é baseado no antlr. O Verificador Semântico fornece a funcionalidade para verificar a correção de uma transformação no que diz respeito à validade das regras chamadas, referências a elementos do metamodelo, etc. O motor de execução trata da execução de uma transformação. Interpreta um modelo e produz um texto de saída, normalmente para um conjunto de ficheiros de saída. O sincronizador de texto trata da rastreabilidade entre o texto gerado e o modelo original, com o objetivo de poder sincronizar o texto em resposta a alterações do modelo e vice-versa.

2.3. Ferramentas relacionadas

Veremos que há muitos actores a tentar utilizar a UML para diferentes fins. A maioria das ferramentas que encontramos são ferramentas que permitem ao utilizador desenhar um diagrama. São poucas as que tentam gerar código a partir de um diagrama e ainda menos as que utilizam o diagrama de actividades. Aqui estão alguns exemplos de ferramentas UML. Para esta parte da minha investigação, precisámos de encontrar ferramentas relevantes para comparação. Selecionámos estas ferramentas porque foram mencionadas noutras pesquisas que fizemos para este trabalho e estavam muito bem classificadas nos motores de busca que utilizámos. E também são baseadas no Eclipse. Retirámos outras desta lista porque não eram acessíveis para mim, uma vez que não havia versões de teste ou gratuitas disponíveis.

2.3.1. MagicDraw

O MagicDraw é uma ferramenta visual de modelação UML e CASE com suporte de trabalho em equipa.

Fornece um mecanismo de engenharia de código (com suporte completo de ida e volta para as linguagens de programação J2EE, C#, C++, CORBA IDL, .NET, XML Schema, WSDL), bem como modelação de esquemas de bases de dados, geração de DDL e recursos de engenharia inversa. Suporta muitas tecnologias como UML, SysML 1.0, OCL, Java 2, CORBA IDL, EJB 2.0, C#, CIL (MSIL), C++, JDBC, XMI 2.1, EMF UML2 2.x XMI. Além disso, também fornece geração de código e engenharia inversa.

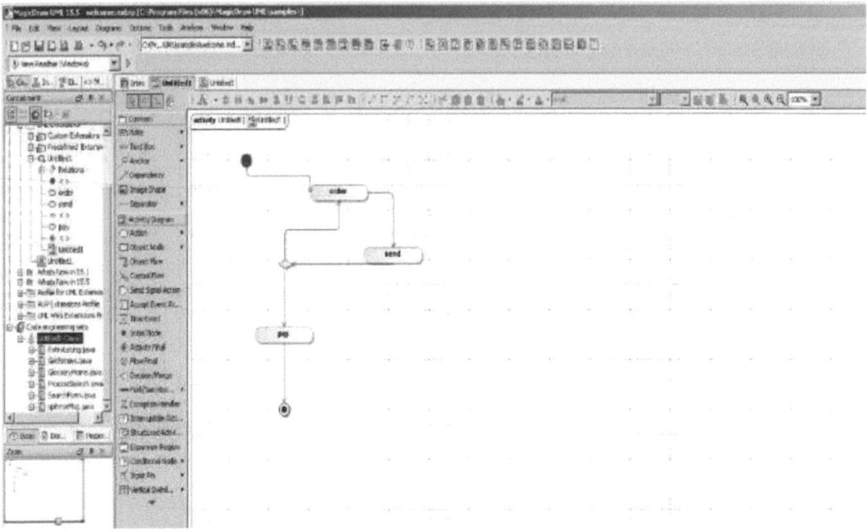

Figura 2-9 Um diagrama de actividades no MagicDraw

O MagicDraw é um enorme pacote de software com muitas funcionalidades. Não é fácil perceber como devemos avançar. Tal como muitos outros produtos proprietários, existem muitas medidas de proteção, como a chave para descarregar, muitos acordos de licença necessários, etc... Todas estas restrições dão ao produto uma impressão inconveniente e complexa. Utilizámos a versão de demonstração e nem sequer conseguimos guardar as nossas alterações sem que surgissem pop-ups a informar-nos das restrições e de como poderíamos comprar. Depois disso, tentámos criar o diagrama de actividades e correu bastante bem. Depois, tentámos gerar código, mas continuavam a existir restrições devido à licença de demonstração. Não temos dinheiro para comprar a licença Professional necessária para executar a geração de código. Por conseguinte, não pudemos experimentar. Após mais alguma pesquisa, parece que apenas os Diagramas de Classes são suportados para a geração de código. Pelo que pudemos ver, é um sistema totalmente dimensionado que pode fazer muito, mas isso torna-o difícil de utilizar.

2.3.2. Rational Software Modeler

O Rational Software Modeler permite aos utilizadores especificar e comunicar informações de projectos de desenvolvimento a partir de várias perspectivas e a vários intervenientes. É baseado no Eclipse 3.3 e oferece suporte para modelação com a UML 2.1, bem como para a criação de ambientes de Linguagem Específica de Domínio baseados em UML e ambientes de modelação UML "simplificados". Para além disso, existem outras funcionalidades interessantes como:

- Ajudar a facilitar a transição entre a arquitetura e o código com transformações de modelo para modelo e de modelo para código.
- Incluindo as transformações inversas.
- Permitindo-lhe aplicar os padrões de conceção incluídos.
- Criar os seus próprios padrões de conceção para garantir que as convenções e as melhores práticas são seguidas.

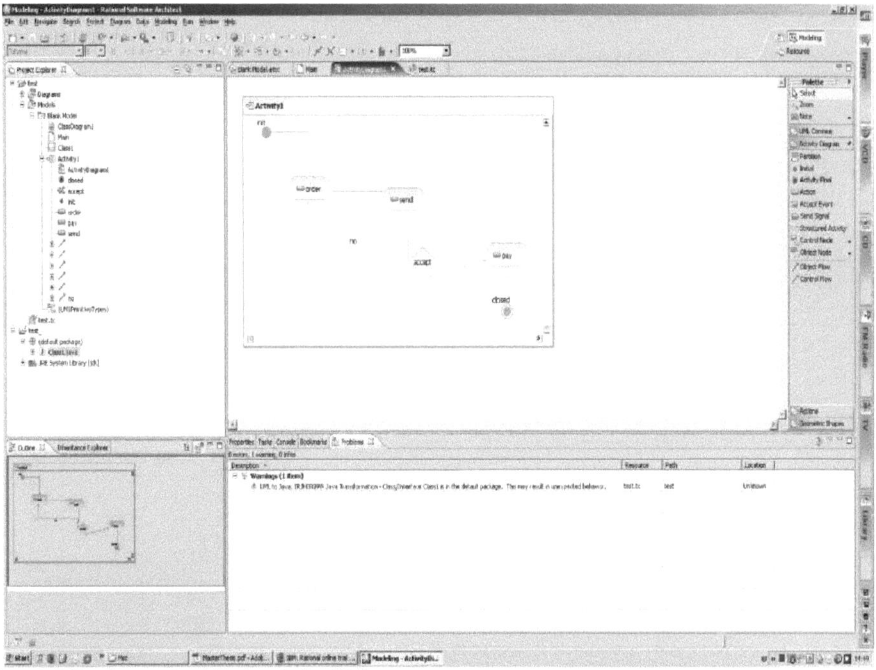

Figura 2-10 Um diagrama de atividade no Rational Software

Quando experimentámos o Rational Software, é fácil de começar e criámos um Diagrama de Actividades em minutos. Depois criámos uma transformação e executámo-la. Não aconteceu nada. Tentámos diferentes possibilidades e descobrimos que a transformação padrão que a Rational Software oferece é apenas para modelos, pacotes, classes e interfaces. Mas podemos, naturalmente, criar a nossa própria transformação para obter transformações a partir do Diagrama de Actividades, mas não temos qualquer controlo sobre o modelo criado quando adicionamos novos diagramas e a Rational parece adicionar todos os diagramas ao mesmo modelo. Para nós, isto significa que teríamos de analisar todos os diagramas adicionados ao nosso modelo e não apenas o Diagrama de Actividades. Isso não é um problema, mas criaria uma carga maior ao transformar, pois há mais itens a serem verificados.

2.3.3. Borland Juntos

A Borland tem o objetivo de fornecer Modelagem Visual para o Design da Arquitetura de Software com este produto. Ele fornece modelagem com linguagens específicas de domínio que podem ser criadas e implementadas usando o kit de ferramentas Domain Specific Language (DSL) da Together. Permite também a criação de modelos UML 2 e de processos empresariais (BPMN) para gerar e importar linguagens de execução de processos empresariais com definições de serviços Web (BPEL4WS). Este programa também oferece geração de código e revisões de código.

Também tem suporte para a Query View Transformation (QVT) da OMG, utilizada em transformações modelo-a-modelo, e suporte para OCL 2.0 com realce de sintaxe, validação, code sense, depuração e avaliação de expressões. Tivemos alguns problemas com este software. A instalação estava cheia de bugs e demorou muito tempo até conseguirmos iniciar a aplicação.

2.3.4. MyEclipse UML

O MyEclipse UML faz parte do pacote MyEclipse[16]. Está agora na versão 6 e contém um editor de diagramas de casos de uso, classes, sequências, colaboração, estados, actividades e implantação. Inclui também uma ferramenta de desenho de forma livre que gera código Java. É muito mais do que uma ferramenta UML, mas, para obter a funcionalidade UML, precisamos da versão profissional, que custa 59,95 dólares por ano. Inclui muitas funcionalidades como o editor e depurador JavaScript, a ferramenta Ajax, algum suporte de bases de dados, web designer visual, Spring, XML, serviços Web, designer Struts, Java Server Faces (JFS) e muitas outras funcionalidades.

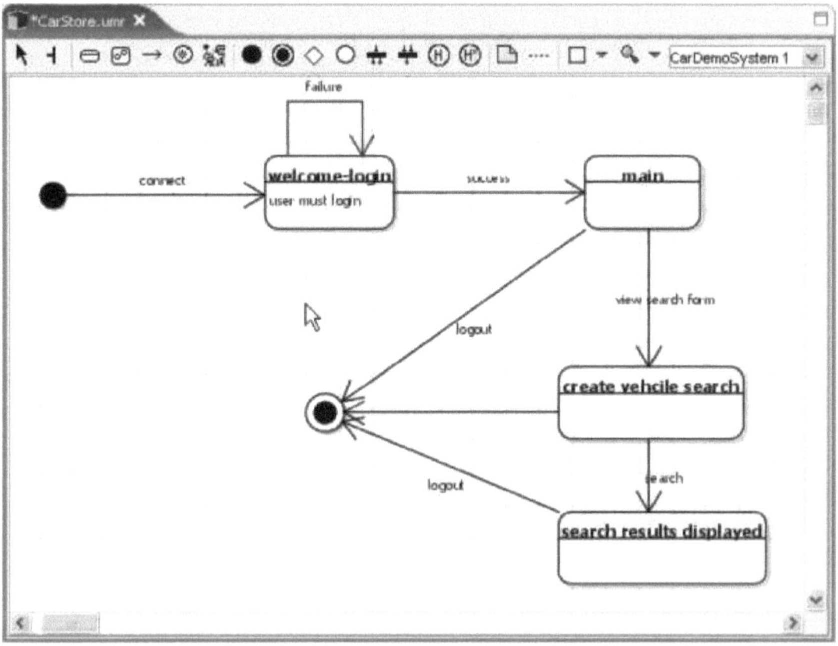

Figura 2-11 Um diagrama do MyEclipse

Neste exemplo (Figura 2-11), pode ver-se que se trata de uma conceção bastante simples e clara. Gera código Java, mas apenas a partir do Diagrama de Classes e não do Diagrama de Actividades. Trata-se de um pacote comercial do Eclipse, pelo que pode utilizar muitas funcionalidades, mas também recebe muitos plug-ins de que provavelmente nunca precisará.

Este produto permite ao utilizador fazer muitas coisas diferentes. Por exemplo, pode escrever código Java e desenvolvimento Web, para além de UML. Mas torna-se um pacote muito grande se o quisermos utilizar apenas para UML. Preferimos um único plug-in. E não gera código a partir de mais nada para além de Diagramas de Classes, pelo que estaremos a acrescentar uma nova funcionalidade ao Eclipse com o nosso plug-in em comparação com o MyEclipse.

2.3.5. Poseidon para UML

Existem quatro edições disponíveis: a comunitária, a padrão, a profissional e a edição incorporada.

Nenhuma delas está actualizada para o UML 2.1. Elas ainda estão funcionando com a versão 2.0. Na versão atual, 6.0.2, só é possível gerar código com a edição comunitária a partir do diagrama de classes e foram removidas a maioria das funcionalidades existentes para Java no Eclipse. Todas as versões são reduzidas a uma ferramenta UML e nada mais. Terá de comprar a edição standard para poder adicionar plug-ins. E os requisitos do sistema dizem que é apenas dos seus parceiros tecnológicos. Gostaríamos muito de poder continuar a personalizar o Eclipse como quisermos. Esta é, na minha opinião, uma das principais vantagens desta plataforma. Tem algumas funções interessantes para ajudar a criar o diagrama, como dicas ao clicar num elemento. Além disso, também tem um layout bastante fácil e limpo para o design, mas é bastante difícil entender a árvore de elementos (à esquerda na Figura 2-12). É clara no nível superior, onde apenas lista os diferentes tipos de diagramas que tem. Mas quando começar a expandir a árvore, verá que ela lista tudo. Até o tipo de letra utilizado (se tiver mudado do padrão) ou o tamanho dos elementos. Torna-se um pouco confuso quando se tem um diagrama enorme. Para além disso, também gera código para C++ e C#.

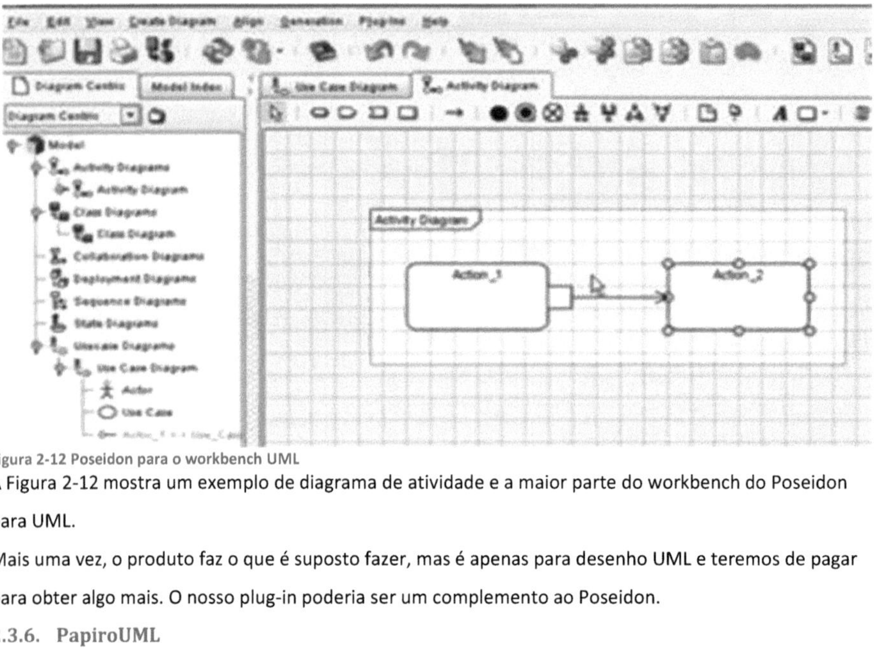

Figura 2-12 Poseidon para o workbench UML

A Figura 2-12 mostra um exemplo de diagrama de atividade e a maior parte do workbench do Poseidon para UML.

Mais uma vez, o produto faz o que é suposto fazer, mas é apenas para desenho UML e teremos de pagar para obter algo mais. O nosso plug-in poderia ser um complemento ao Poseidon.

2.3.6. PapiroUML

Papyrus[17] é uma ferramenta para modelação gráfica UML. Suporta UML2 e tem plug-ins para os perfis UML MARTE, SysML, CCM e LwCCM. Descarregámo-la (é gratuita e de código aberto) e iniciámo-la. Existe um editor de modelos e um editor gráfico. Inicialmente, não encontrámos suporte para nada para além do Diagrama de Classes. De facto, é necessário criar a hierarquia na vista de contorno para poder criar outros diagramas. O PapyrusUML é uma ferramenta UML muito completa e actualizada. Parece realmente completa com muitas funcionalidades UML, como perfis UML e intercâmbio de diagramas. Embora não tenhamos encontrado qualquer geração de código a partir de diagramas, é possível criar alguns geradores de código com o plug-in ANTLR que está incluído no Papyrus UML. Existe suporte para todo o meta-modelo UML, mas quando adicionámos algo ao Diagrama de Classes na vista de modelo e fizemos alterações na vista gráfica, os elementos adicionados na vista de modelo desapareceram.

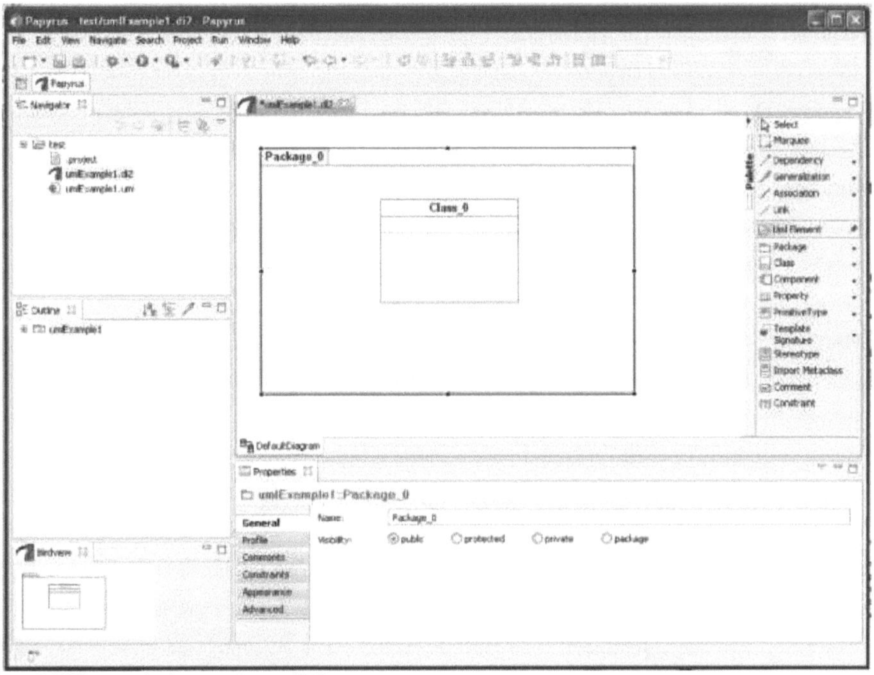

Figura 2-13 Diagrama de classes no Papyrus UML

Penso que é uma ferramenta UML muito boa, mas é necessário criar os seus próprios geradores de código e é um pouco difícil perceber como funciona. Existem assistentes para a criação de novos diagramas. Para criar um diagrama, é necessário aceder à vista de contorno e clicar com o botão direito do rato na hierarquia. Pensamos que o nosso plug-in seria uma boa adição a este programa. Apesar de considerarmos que os objectivos das aplicações são diferentes.

3. Definição

3.1. Modelo

Um modelo está no primeiro nível de abstração acima dos itens de interesse para o modelador. Um metamodelo está no segundo nível de abstração para um modelador e tem as próprias construções de modelação como itens de interesse. Portanto, um metamodelo é um tipo especial de modelo.

A razão pela qual precisamos de mais do que um metamodelo para todos os modeladores é o facto de existirem diferentes tipos de modelos. Por exemplo, as construções/regras utilizadas para modelar fluxos de processos são diferentes das construções/regras utilizadas para modelar estruturas de dados. Note-se que nem sempre é documentado um metamodelo explícito das construções/regras utilizadas pelos modeladores. Frequentemente, os modeladores inventam as suas próprias notações e significados e utilizam-nos implicitamente nos seus modelos. Este facto conduz normalmente a mal-entendidos e discussões sobre o significado do modelo. É por isso que é importante utilizar construções/regras de modelação que estejam documentadas num metamodelo explícito.

Existem sempre 3 níveis de abstração para qualquer contexto de modelação. Em primeiro lugar, existe o próprio modelo (nível M1), existem instâncias do modelo (nível M0) e existe um conjunto de construções/regras para a construção do modelo (nível M2). Pode ser confuso quando as instâncias de um modelo e/ou as regras de construção desse modelo podem ser vistas como itens de interesse noutro modelo. Se o nível de abstração for alterado de forma a considerar as instâncias como um modelo ou as construções/regras de modelação como um modelo, o nível M1 do contexto de modelação é reposto.

Algumas pessoas falam de meta-metamodelos (nível M3) como sendo um terceiro nível de abstração para um modelador. Existem contextos (por exemplo, ferramentas de modelação) em que os modelos são vistos (por exemplo, importados/exportados) como dados de instância. Uma vez que os modelos se encontram no nível M1 na maioria dos contextos (mas, na realidade, no nível M0 no contexto das ferramentas de modelação), é normalmente menos confuso referir-se a eles como estando no nível M1, independentemente do contexto, em vez de se referirem ao nível M0 (ou ao nível M2!) nos contextos atípicos. Assim, as construções/regras utilizadas para descrever o (meta) modelo B de uma ferramenta de modelação podem ser consideradas como um meta-modelo no terceiro nível de abstração para um modelador, embora estejam efetivamente no nível M2 no contexto da ferramenta de modelação.

3.2. Ecore

O ecore é um meta-modelo utilizado pelos projectos Eclipse EMF. Define a forma como os modelos devem funcionar com o plug-in EMF. Para mais pormenores, pode consultar a API Java[18].

Quanto ao nosso projeto, utilizamos o UML.ecore. Esta é a definição EMF da superestrutura UML.

3.3. Recursos

Como conceito-chave do nosso projeto, devemos definir recurso. Existem muitas definições porque o seu significado é ligeiramente diferente em diferentes casos. Por exemplo, o recurso de um computador é frequentemente definido em termos de tempo de CPU, memória, disco rígido, etc... Mas estamos a falar de algo totalmente diferente quando pensamos em "recursos naturais". Isto mostra que a necessidade de uma definição no nosso caso é bastante óbvia.

Existem numerosas definições e teremos de nos limitar a elas. Em primeiro lugar, devemos mencionar a definição de recurso dada pela Word Net Encyclopedia:

Substantivo

- S: (n) **recurso:** fonte de riqueza disponível; uma fonte nova ou de reserva a que se pode recorrer quando necessário.
- S: (n) **recurso**: uma fonte de ajuda ou apoio a que se pode recorrer quando necessário. *"A biblioteca local é um recurso valioso"*.

S S: (n) **recurso**: desembaraço, imaginação, capacidade de lidar com problemas invulgares de forma engenhosa. *"Um homem de recursos"*.

Analisemos esta definição. Pensamos que é demasiado geral para nós. Não ajuda a limitar o significado que pretendemos. Por isso, teremos de a ajustar. Pensamos que uma boa maneira é verificar outras definições e filtrar o que é útil. Assim, aqui estão outras.

A Wikipédia[19] apresenta 3 grupos diferentes de definições:

1. Informática: esta definição refere-se a recursos muito específicos como CPU, memória, disco rígido, etc... [20]
2. Economia: Neste caso, é definida como terra, trabalho e bens de capital (ou recursos naturais, humanos e serviços)[21]
3. Tipos de recursos e desenvolvimento: Esta é uma definição muito geral de recurso[22] que diz que um recurso é algo útil.

Se continuarmos a nossa análise com o número um, podemos ver que seria relevante para nós. Imaginemos que o nosso Diagrama de Actividades vai representar um sistema informático; é então uma definição muito boa. O problema é que não queremos limitar a nossa ferramenta à conceção de sistemas informáticos, pelo que teremos de encontrar uma definição mais geral que se possa aplicar a uma empresa, por exemplo.

Quando olhamos para o número 2, podemos ver que tem uma definição mais geral. Esses recursos podem ser utilizados, evidentemente, mas pensamos que a definição não é suficientemente precisa. Vamos dar uma olhadela ao terceiro para enfatizar o meu ponto de vista.

O número 3 define um recurso como algo que preenche estas três condições:

1. Têm utilidade[1]
2. Muitos deles são encontrados em quantidades limitadas
3. Podem ser utilizados para prestar serviços e produzir novos bens

Esta é uma definição bastante boa para nós porque se adapta às nossas necessidades. As outras definem os recursos de forma mais económica. Têm uma definição específica que não é suficientemente geral para nós. Na nossa opinião, a última é suficientemente geral para integrar todos os tipos de recursos que pensámos, mas ainda assim precisa. Utilizaremos esta última como ponto de partida e definiremos recurso no MADE como tal.

3.4. Restrição

Queremos basear as restrições nos recursos. Pensamos que é a melhor forma de uma ferramenta de planeamento, uma vez que é central em todos os projectos e optimizações. O melhor é sempre utilizar o mínimo de recursos possível.

Queremos definir uma restrição como uma condição em uma ou mais variáveis que representam o(s) recurso(s). O teste pode ser um teste simples como tempo < 50 dias. Pode ser um teste muito complicado que implica variações em muitas variáveis. Vamos explicar isso com um exemplo. A restrição estaria ligada a diferentes acções ou no início e no fim de uma ação. Recolhemos "amostras" nesses pontos de ligação. Isto significa que verificamos quanto tempo ou dinheiro (dependendo do recurso que verificamos) foi utilizado nesse ponto, verificamos novamente e efectuamos alguns testes sobre as variáveis. Pode ser algo do género:

No primeiro ponto:

Verificar quanto dinheiro e tempo são utilizados e colocá-los em variáveis.

No segundo ponto, verificar novamente essas variáveis e efetuar uma verificação do tipo:

Se((Δmoney > 1000€) && (Δtime > 30 dias)){ levantar um erro;

} else if((Δmoney > 500€) && (Δtime < 15 dias)){ levantar um controlo de qualidade;

}

Este é um exemplo. Com duas variáveis que representam a verificação de dois recursos. Podemos fazer esse tipo de verificação em muitos pontos diferentes para uma única verificação. Por exemplo, podemos verificar o dinheiro e o tempo no primeiro ponto, o dinheiro no segundo e o tempo num terceiro ponto e depois fazer os testes. [23]

---

[1] A utilidade é definida como a satisfação relativa do consumo de bens. Tendo em conta esta medida, pode falar-se significativamente de utilidade crescente ou decrescente e, assim, explicar o comportamento económico em termos de tentativas de aumentar a utilidade.

3.4.1. Representação gráfica da restrição

Há dois problemas com a representação gráfica:

1. Ocupa espaço num diagrama
2. Tem de ser fácil de compreender à primeira vista, caso contrário perde o seu objetivo.

Existem duas abordagens para estes problemas. A primeira consiste em tornar a representação gráfica tão pequena quanto possível. O problema é que se torna difícil de compreender se for demasiado pequena. Outra solução é encontrar mais espaço para manter uma representação detalhada.

Penso que são todos igualmente inadequados. Por vezes, podíamos torná-lo muito pequeno sem perder nada; outras vezes, era impossível ter algo simples e que representasse o que queríamos. É por isso que pensamos que seria melhor combinar os dois.

Gostaríamos de combinar uma representação bastante simples no diagrama de actividades, como em Heidelberg [23], como mostra a Figura 3-1

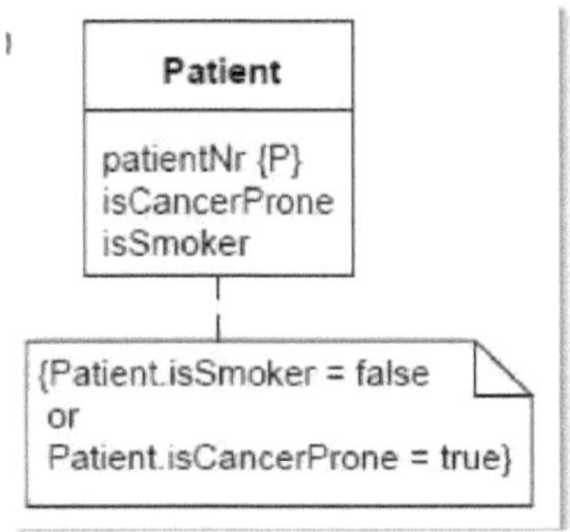

Figura 3-1 Nota simples para mostrar uma

Trata-se de um apontamento para uma única classe, mas podemos utilizar esta técnica para nos ligarmos a muitos nós no nosso diagrama.

Algo como a Figura 3-1.

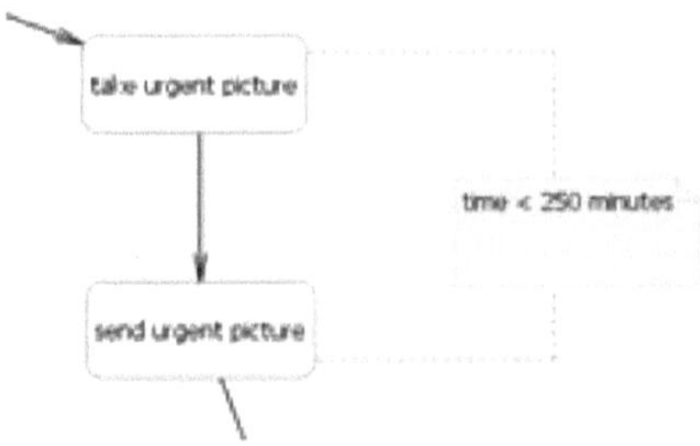

Figura 3-2 Nota simples entre 2 acções

Esta restrição descreve que queremos verificar se o tempo entre o início da primeira ação e o fim da segunda é inferior a 250 minutos.

Poderia ser suficiente para esta restrição, mas nem sempre será assim tão fácil, pelo que queremos acrescentar um nível à restrição e abrir a possibilidade de dar mais pormenores à restrição. Pensamos que a melhor forma de o fazer seria definir a restrição com propriedades. Algo parecido com a Figura 3-3.

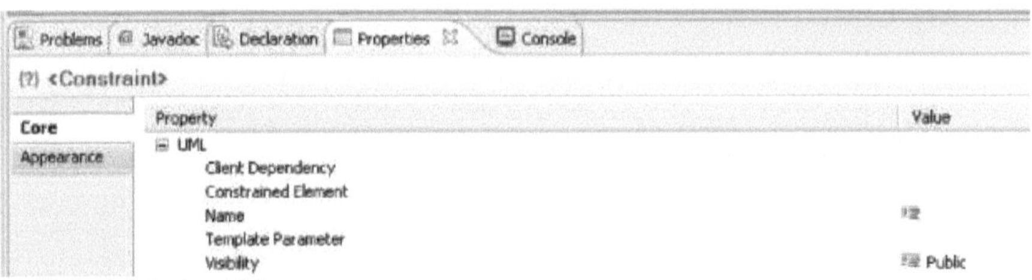

Figura 3-3 Propriedades da restrição

Teremos de definir todas as propriedades possíveis, mas pensamos que esta é a melhor forma de definir uma restrição de uma forma que não ocupe demasiado espaço no diagrama e que seja, ainda assim, muito completa.

4. Criação da ferramenta

Esta ferramenta foi criada para permitir o controlo de projectos com Diagrama de Actividades. Utilizámos alguns conceitos da Model Driven Engineering para a criar, uma vez que estamos a utilizar diagramas UML que transformamos em código. Para isso, utilizámos ferramentas como o Eclipse e o GMF. Vejamos o que é a engenharia orientada por modelos e como utilizámos o Eclipse e o GMF para o conseguir. Em seguida, analisaremos a lógica da ferramenta e os desafios que enfrentámos.

4.4. Engenharia orientada por modelos (MDE)

Nas últimas cinco décadas, as linguagens de programação evoluíram bastante em relação às linguagens de primeira e segunda geração em termos de aumento do nível de abstração, permitindo que os programadores se concentrem na intenção de conceção e não no ambiente informático subjacente. O advento mais recente de linguagens orientadas para objectos mais expressivas, como C++, Java e C#, elevou ainda mais o nível de abstração. Além disso, a utilização das actuais bibliotecas de classes reutilizáveis e das plataformas de estruturas de aplicações permite aos programadores reutilizar o código do programa e os serviços de middleware específicos do domínio. Estes avanços ajudam os programadores a criar aplicações mais avançadas, uma vez que podem concentrar-se no domínio da aplicação e não têm de reinventar a roda de cada vez.

No entanto, uma desvantagem da crescente complexidade dos sistemas actuais é que é difícil para qualquer pessoa manter uma visão geral completa de um sistema à medida que a sua complexidade e a quantidade de código de implementação aumentam. A utilização de plataformas de middleware complexas, como J2EE, .NET e CORBA, que contêm milhares de classes e métodos, em muitos dos sistemas actuais torna isto ainda mais difícil. Não só estas plataformas têm de ser integradas e sintonizadas com a aplicação do domínio, como a sua complexidade torna difícil que alguém as domine completamente. Além disso, uma vez que estas plataformas, o domínio da aplicação e/ou as necessidades de uma empresa mudam frequentemente de forma rápida, os programadores gastam muitas vezes um esforço considerável a alterar manualmente a aplicação para refletir estes novos requisitos ou a portar o código para plataformas diferentes. O efeito desta complexidade crescente é que os programadores têm de despender muito esforço nestas questões de implementação, em vez de se concentrarem nos requisitos e no domínio da aplicação. A complexidade dos sistemas também torna difícil saber que partes do sistema são afectadas por uma alteração dos requisitos ou por alterações na plataforma ou no ambiente linguístico.

Outro problema resultante da crescente complexidade dos sistemas informáticos e das rápidas mudanças é o facto de a manutenção da documentação exigir um grande esforço e consumir muito tempo. Além disso, uma vez que não existe uma ligação direta entre os modelos e as implementações, existe uma grande probabilidade de a documentação e a implementação estarem dessincronizadas - tanto devido a alterações durante o processo de desenvolvimento inicial como a alterações em fases posteriores. Isto também pode levar a que os programadores não façam o esforço necessário para garantir a exatidão da documentação.

A MDE aborda estas questões e tem como objetivo oferecer meios para lidar com a crescente complexidade destes sistemas e permitir que os programadores se concentrem nos conceitos do domínio e os expressem. Isto é conseguido através da combinação dos conceitos de linguagens de modelação específicas do domínio e de transformações.

4.4.1. Linguagens de modelação e metamodelos específicos do domínio

As linguagens de modelação específicas de um domínio utilizam um sistema de tipos que formaliza a estrutura, o comportamento e os requisitos da aplicação num determinado domínio. Estas linguagens são descritas utilizando metamodelos, ou seja, os metamodelos descrevem a sintaxe abstrata das linguagens específicas do domínio. Isto é conseguido através da descrição de relações precisas entre os conceitos de um domínio, formalizando assim uma linguagem que pode ser utilizada para descrever conceitos específicos relacionados com o domínio. As linguagens específicas do domínio podem então ser utilizadas para descrever aplicações utilizando conceitos específicos do domínio em vez de conceitos de uma linguagem de modelização ou de programação mais geral. Isto significa que os programadores podem concentrar-se no domínio que estão a descrever, em vez de numa plataforma específica, aumentando assim o nível de abstração.

Por outro lado, existem linguagens de modelação de uso geral. É o oposto das linguagens específicas do domínio. Estas permitem uma gama completa de expressões semânticas. Um exemplo de uma linguagem de modelação de objetivo geral é a UML. O metamodelo UML descreve uma linguagem específica de um domínio muito geral para o desenvolvimento de software, fornecendo assim uma linguagem comum que pode ser utilizada pelos programadores de software para descrever aplicações e lógica empresarial. Um exemplo menos geral poderia ser um metamodelo que descrevesse as relações entre um conjunto de conceitos diferentes no sector bancário, fornecendo uma linguagem para descrever conceitos relacionados com bancos a um nível elevado de abstração.

A Figura 4-1 mostra um metamodelo simplificado para um modelo de classe. Este modelo descreve o domínio do modelo de classe, ou seja, descreve as propriedades dos conceitos que compõem esse modelo e as relações entre eles. Assim, fornece uma linguagem formal na qual estes conceitos podem ser descritos.

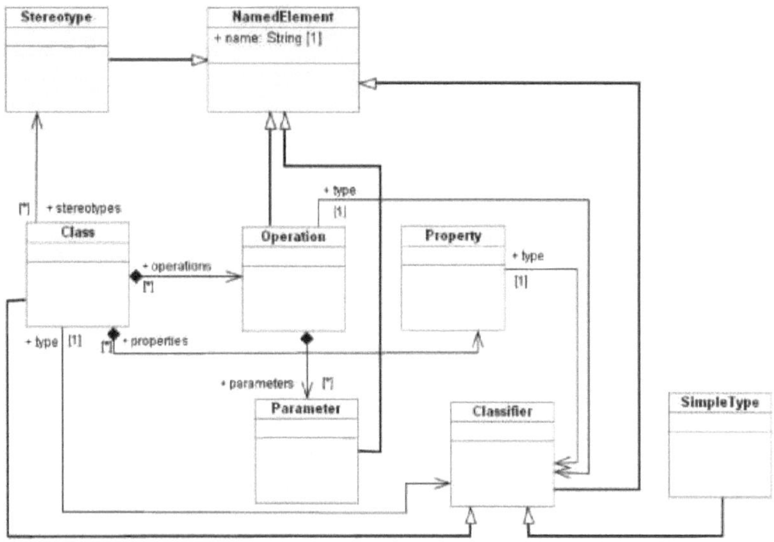

Figura 4-1 Um metamodelo simplificado de um modelo de classes UML

4.4.2. Meta-níveis

O Object Management Group (OMG) define quatro meta-níveis (Figura 4-2). Estes níveis representam quatro níveis em que um modelo pode residir:

M0 - Contém a instância em tempo de execução de um modelo, por exemplo, a representação de um elemento do modelo numa aplicação em execução.

M1 - Contém o modelo, por exemplo, um modelo UML, que pode ser instanciado no nível M0.

M2 - Contém o metamodelo, por exemplo, o metamodelo da Figura 2, que descreve a linguagem utilizada para definir modelos ao nível M1.

M3 - Contém o metamodelo, ou seja, o modelo que descreve a linguagem utilizada para descrever um metamodelo (ou seja, um modelo que reside no nível M2). Um exemplo de um modelo deste tipo é o Meta Object Facility (MOF)[15], que é a linguagem que descreve o metamodelo UML. Como os modelos a este nível são suficientemente gerais para descrever os conceitos das linguagens utilizadas para descrever outras linguagens (ou seja, metamodelos), serão também suficientemente gerais para se descreverem a si próprios. Não há, portanto, necessidade de um nível M4.

Os quatro meta-níveis e as suas relações entre si estão ilustrados na figura abaixo.

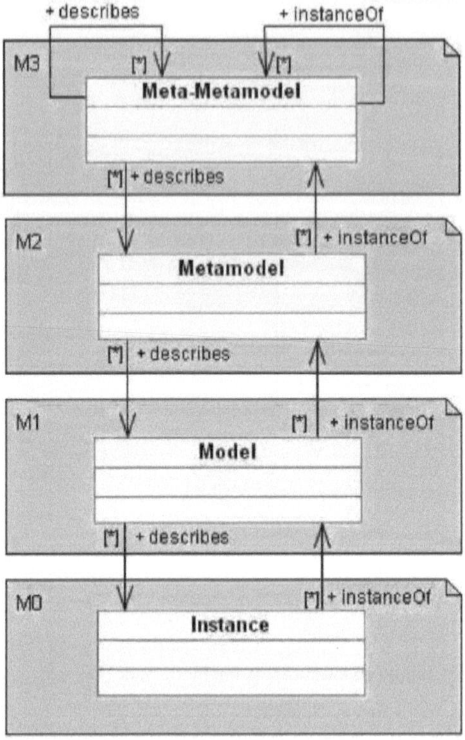

Figura 4-2 Os quatro meta-níveis da OMG

4.4.3. PIM e PSM

Dois termos frequentemente utilizados em MDE são os modelos independentes da plataforma (PIM) e os modelos específicos da plataforma (PSM). Um PIM é um modelo que é independente da tecnologia de implementação. Assim, não contém qualquer informação sobre a tecnologia utilizada para implementar o sistema - descreve a lógica do sistema. Um PSM, por outro lado, é, como o nome indica, um modelo que descreve uma implementação do sistema (ou partes de um sistema) utilizando uma tecnologia específica. Por conseguinte, um PSM é um refinamento do PIM.

O objetivo da criação de um PIM é permitir que os programadores captem os pormenores de um sistema sem terem de se debruçar sobre os pormenores de uma plataforma ou tecnologia específica. Assim, permite que os programadores se concentrem na lógica comercial e não na forma como um sistema deve ser implementado e na tecnologia a utilizar. É um meio de elevar o nível de abstração. Para além de facilitar a concentração nas coisas certas durante o processo de desenvolvimento, os PIM também facilitam a manutenção de uma visão geral e uma melhor compreensão de um sistema, uma vez que todos os pormenores necessários para descrever as questões de implementação estão ocultos. Isto não só é uma vantagem para os programadores durante o processo de desenvolvimento, como também facilita a compreensão do sistema por pessoas sem formação tecnológica ou sem conhecimentos de uma tecnologia específica.

4.4.4. Transformações

As transformações têm o potencial de ajudar a garantir a coerência entre diferentes modelos, documentação, requisitos e código de implementação, uma vez que a evolução dos artefactos é formalizada por regras e pode, assim, ser automatizada. Para que isto seja possível, os artefactos de origem da transformação têm de ser definidos com precisão, por exemplo, por um metamodelo, para que os artefactos possam ser processados por um computador. Há principalmente dois tipos de transformações utilizadas na MDE: transformações de modelo para modelo e transformações de modelo para texto.

As transformações são descritas por regras de mapeamento. Uma regra de mapeamento é uma descrição formal da relação entre a entrada e a saída da transformação, ou seja, descreve como a saída é criada com base na entrada. Os artefactos de entrada e de saída podem ser um único artefacto ou uma coleção de artefactos. Além disso, o resultado da transformação pode ser calculado com base nas propriedades dos artefactos e/ou nas relações entre os artefactos que constituem a entrada da transformação. A saída pode ser criada com base num metamodelo ou apenas como artefactos sem qualquer sintaxe específica. A primeira abordagem é normalmente utilizada para descrever transformações de modelo para modelo, enquanto a segunda é normalmente utilizada para produzir texto.

A utilização de transformações entre todas as fases de um processo de engenharia de software permite, portanto, gerar automaticamente todos os artefactos necessários, com base num ou mais modelos de origem. No entanto, isto exige regras de mapeamento para cada uma das etapas de transformação no processo e a existência de metamodelos que descrevam formalmente cada um dos modelos.

4.4.4.1. Transformações de modelo para modelo

Uma transformação de modelo para modelo é o processo de criação de um modelo com base noutro. Mais precisamente, uma transformação de modelo cria instâncias, com base numa definição precisa da relação entre instâncias de um metamodelo e instâncias de outro. O conjunto de regras que são utilizadas para descrever a transformação é frequentemente designado por mapeamento. As transformações modelo2modelo podem também ser controladas e/ou modificadas por parâmetros do próprio mapeamento. Isto significa que a transformação pode não depender apenas do modelo original, mas também de outras coisas definidas como parâmetros para a transformação.

4.4.4.2. Transformações de modelo para texto

As transformações de modelo para texto referem-se ao ato de gerar texto com base em informações de um ou vários modelos. Isto é realizado de forma semelhante às transformações de modelo para modelo, com a exceção de que apenas a entrada da transformação (ou seja, o modelo de origem) é definida por um metamodelo. A saída é apenas um texto informal. Na MDE, as transformações de modelo para texto são maioritariamente utilizadas para gerar automaticamente código de implementação a partir dos modelos, mas também podem ser utilizadas para gerar automaticamente documentação, como documentos java, a partir dos modelos. No entanto, há muitos casos em que nem todo o texto pode ser gerado automaticamente, mas muitas partes dele, pelo menos o esqueleto, podem ser geradas. O grau de automatização do processo depende do nível de pormenor do(s) modelo(s) utilizado(s) para gerar o texto e da quantidade de lógica que se pretende codificar na transformação.

A geração de código é frequentemente efectuada com base no PSM, uma vez que o PSM descreve a aplicação de uma forma específica da plataforma, por exemplo, uma implementação EJB. No entanto, em alguns casos, é possível transformar o código diretamente a partir do PIM, uma vez que este pode estar bastante próximo da implementação real.

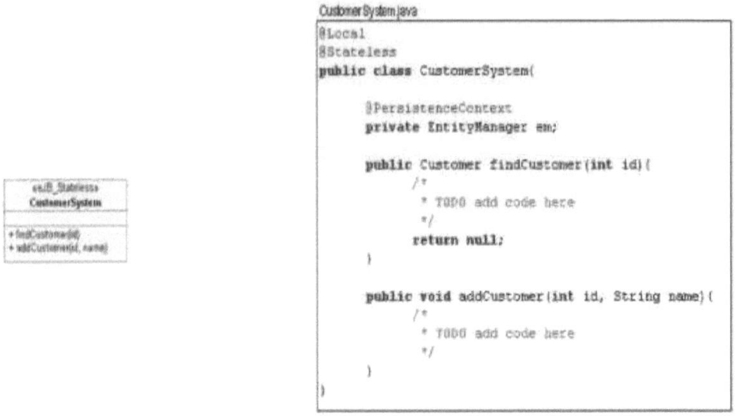

Figura 4-3 Ilustração da transformação de modelo em texto da classe CustomerSystem

A Figura 4-3 ilustra um exemplo de transformação de modelo em texto.

1.2. Como criar um plug-in do Eclipse que respeite os conceitos do MDE?

Depois do que aprendemos sobre MDE no capítulo 4.1, queremos criar um plug-in que se estenderá em direção a alguns desses conceitos de MDE. Isto porque estamos a partir de um Diagrama de Actividades que representa o nosso PSM e queremos produzir código que irá lidar com chamadas API.

Para o efeito, decidimos utilizar a plataforma Eclipse. Para realizar o MDE nesta plataforma, precisamos primeiro de ter todos os plug-ins pré-requisitos instalados. Como estamos a usar UML para desenhar o nosso modelo, temos de ter uma ferramenta que possa desenhar diagramas e transformá-los em código. Utilizámos o GMF para criar o nosso diagrama de actividades e o MOFScript para transformar os diagramas em código Java.

O Graphical Modeling Framework (GMF) é uma estrutura para a construção de editores gráficos do tipo modelagem baseados no Eclipse. Exemplos de tais editores são: Editores de UML, editores de ECore, editores de processos de negócios, editores de fluxo, editores de XSD, etc...

A estrutura pode ser dividida em dois componentes principais: as ferramentas e o tempo de execução. O conjunto de ferramentas consiste em editores para criar/editar modelos que descrevem os aspectos notacionais, semânticos e de ferramentas de um editor gráfico, bem como um gerador para produzir a implementação de editores gráficos. Os plug-ins gerados dependem do componente de tempo de execução do GMF para produzir um editor gráfico extensível de classe mundial.

A Figura 4-4 apresenta brevemente o fluxo de trabalho utilizado para criar um editor gráfico utilizando o GMF e, em seguida, concentra-se na apresentação dos benefícios e caraterísticas do componente de tempo de execução do GMF.

Embora as imagens deste artigo tenham sido obtidas a partir de capturas de ecrã de um cliente do GMF Runtime que implementa uma aplicação de modelação UML2, a utilização do GMF Runtime não se limita ao espaço de modelação, uma vez que qualquer aplicação que apresente e/ou edite a representação gráfica de modelos EMF pode tirar partido da estrutura.

Os programadores que criam editores gráficos do tipo modelação utilizando o GMF seguem este fluxo de trabalho simplificado:

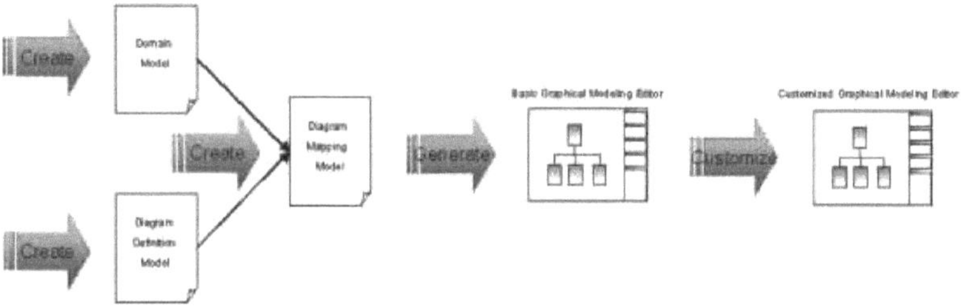

Figura 4-4 O fluxo de trabalho no GMF

Os passos são:

Criar um modelo de domínio. Este modelo define as informações não gráficas geridas por o editor

- Criar um modelo de definição de diagrama. Este modelo define os elementos gráficos a serem exibidos no editor
- Criar um modelo de mapeamento de diagramas. Este modelo define o mapeamento entre os elementos do modelo de domínio e os elementos gráficos
- Gerar o editor gráfico
- Melhorar o editor gráfico editando o código do plug-in gerado

1.3. Desafios

Os desafios são problemas que podemos encontrar com a MADE. Aqui vamos listar alguns deles que encontramos. A maioria dos problemas que discutimos aqui são problemas de baixo nível devido à arquitetura do Diagrama de Actividades e do código Java. Vamos explicar alguns deles.

O primeiro desafio que encontrámos foi a necessidade de combinar o UML.ecore com addons para representar as nossas variáveis extra e os nossos testes. O UML.ecore é a representação EMF do meta-modelo UML criado pelo projeto UML na fundação Eclipse. Como queríamos representar restrições e recursos que não estão no meta-modelo UML, precisávamos de encontrar uma forma de os adicionar. Vimos duas possibilidades para o fazer. Ou poderíamos adicioná-los ao modelo (diretamente no UML.ecore ou através do perfil) ou poderíamos usar algo já existente no modelo que pudesse atender a nossa necessidade. Por exemplo, pode haver a possibilidade de utilizar uma pré-condição e uma pós-condição para representar as nossas restrições de tempo de execução. A vantagem de utilizar estas condições é que não temos de trabalhar no UML.ecore ou criar um perfil, mas a desvantagem é que não podemos utilizar as pré-condições e pós-condições no diagrama tal como estão planeadas.

Depois de adicionarmos as restrições e os recursos, precisamos de fazer com que o nosso MOFScript reconheça os add-ons. Como é este MOFScript que irá gerar código a partir de nossos diagramas, precisamos dizer ao MOF que ele deve olhar para o modelo extra ou adaptado. No MOF, há suporte para múltiplos modelos, então ambos os métodos mencionados no início do capítulo são possíveis de serem usados.

Os desafios de que falámos agora estão relacionados com as ferramentas. São devidos ao GMF e ao MOFScript. Agora vamos olhar para outras questões que são problemas gerais. O terceiro problema é que o Diagrama de Actividades pode mostrar várias linhas de execução em paralelo. Quando o traço encontra o Join Node, precisamos esperar que todas as threads paralelas terminem antes de seguir em frente. Como optamos por transformar o Diagrama de Atividades em código Java, teremos suporte para a criação de novas threads no código. O desafio é a manipulação das diferentes threads. Como optamos por usar variáveis Java para salvar os valores que verificaremos nas restrições de tempo de execução, precisamos lidar com variáveis em cada thread que verificaremos mais tarde. Estamos a utilizar essas variáveis para manter o registo dos nossos Recursos e pode haver problemas se, por exemplo, as variáveis forem acedidas ao mesmo tempo ou se as threads se substituírem umas às outras. A solução alternativa que teremos de utilizar é evitar este tipo de problemas, criando variáveis locais e tratando as alterações quando encontrarmos o nó de junção.

Outro desafio devido ao encadeamento é a forma como vamos verificar as nossas restrições.

Um desafio importante que encontrámos é quando encontramos pontos de fusão (Join Node ou Merge Node). É importante saber se existem mais arestas por vir. Quando seguimos o traço até um Join Node, temos de saber se todas as outras arestas já chegaram para podermos avançar. Caso contrário, temos de esperar que todas as "threads" paralelas terminem antes de podermos avançar.

A situação é um pouco diferente para um nó de fusão. Aqui, é apenas a sintaxe do código que nos obriga a saber se há mais arestas. Isto deve-se à ordem pela qual a atividade é percorrida. Quando o guião MOF "atinge" um Nó de Decisão, segue um dos traços até encontrar o Nó de União, depois desce o traço seguinte e assim por diante.

Uma última coisa que precisamos de mencionar aqui é o problema que demorou mais tempo a resolver. Foi o próprio GMF. Na maioria das vezes, ele funciona corretamente e gera o editor do Diagrama de Atividades como esperado. Mas alguns bugs no plug-in do GMF (ou suas dependências) resultaram em tempo gasto em soluções alternativas e revisões dos modelos. Muitos problemas desse tipo foram resolvidos reiniciando a plataforma Eclipse ou criando um novo projeto e copiando os modelos do antigo. Como discutido neste documento, o GMF não é perfeito. Mas leva tempo para descobrir o que está errado quando é na geração do GMF ou no tempo de execução do GMF.

Neste projeto, utilizámos quase um ano para pôr as coisas a funcionar com o GMF. O projeto teve um mau começo após o seu lançamento inicial. Houve muitos problemas com o site de atualização, pelo que houve erros na instalação do GMF. Tivemos de remover tudo e reinstalar manualmente. Quando, finalmente, tínhamos tudo instalado corretamente, tentámos encontrar alguma documentação para começar. Os únicos recursos disponíveis eram as páginas de Ajuda dentro da plataforma Eclipse que nos remetiam para os tutoriais do GMF. Era, e ainda é, uma página web, mas havia muitos links que estavam errados. Passado algum tempo, as pessoas que trabalham para o projeto GMF corrigiram os tutoriais para que pudéssemos começar.

Analisámos o exemplo do MindMap disponível e funcionou sem problemas. Havia exemplos que nos mostravam como utilizar todos os assistentes do GMF para obter todos os modelos necessários para criar o plug-in MindMap. Foi um sucesso. Tentámos então alterar alguns elementos para testar se tínhamos compreendido corretamente alguns pormenores. Por exemplo, pequenas alterações no modelo de domínio. O exemplo do MindMap ainda funcionou, mas não muito bem. Os modelos derivados incluíam erros que tivemos de corrigir manualmente e o gerador de plug-ins demorou muito mais tempo a criar o código do plug-in. Descobrimos muito cedo que não era uma boa ideia utilizar os assistentes para derivar modelos e começámos a criá-los manualmente. Correu muito melhor.

Passado algum tempo, tínhamos uma boa compreensão do GMF e começámos a criar o nosso plug-in MADE. Foi um caos total. Os geradores de plug-ins demoravam horas a criar o código ou ficavam sem memória durante o processo. Havia de facto milhares de erros no plug-in GMF. Trabalhámos centenas de horas para corrigir o código gerado e obter um plug-in funcional. O nosso principal problema era o facto de termos de voltar a gerar o código sempre que fazíamos alterações num dos nossos modelos.

Demorámos muito tempo a pôr as coisas a funcionar e o GMF 2.0 foi lançado mais ou menos na mesma altura. As coisas correram muito melhor com o GMF 2.0. Podíamos fazer as alterações que queríamos e gerar código de plug-in que estava a funcionar. O projeto GMF melhorou muito e esperamos que se mantenha nesse caminho.

1.4. Lógica

Precisamos de pensar no aspeto que o código terá. Há uma série de regras que precisamos de predefinir.

1. O gerador de código terá primeiro de criar as variáveis necessárias definidas pelos parâmetros no diagrama. Essas variáveis são as que utilizaremos para efetuar os nossos testes mais tarde.

2. O código começa no nó inicial e avança ao longo do fluxo para o nó de atividade seguinte. Em seguida, avança novamente ao longo do traço para o próximo e assim por diante até o nó final.

3. Antes de "sair" de um nó e antes de "chegar" a um nó. O gerador irá verificar se existe informação sobre um teste ou uma alteração em algumas variáveis. Talvez seja necessário enfatizar que pode haver mudanças nas variáveis mesmo que não haja um teste nesse mesmo ponto. Por exemplo, podemos precisar de atualizar o tempo que uma Ação demorou para um teste que será feito mais tarde no processo.

4. É necessário definir uma regra de geração de código para cada tipo de nó no Diagrama de Actividades:

a. Uma ação deve ter o nome do método que vai chamar. A geração de código irá obter o nome String e colocá-lo no código.

b. O Nó de Decisão resultará numa declaração "if-else". Se existirem mais de dois fluxos de saída, utilizamos a instrução "if-else if".

c. O nó final não é convertido em código. Concluímos que este é o "}" final no código Java.

d. Os Fork Nodes são provavelmente a parte mais difícil, uma vez que precisamos de executar todos os fluxos concorrentes em simultâneo. Vamos então criar uma thread para cada fluxo e iniciá-los ao mesmo tempo.

e. O Join Node está a marcar o fim do paralelismo. Quando chegamos a um Join Node, temos de esperar que todos os fluxos (threads) terminem antes de podermos passar para o fluxo de saída.

f. O Merge Node será "invisível" na geração de código. Não será gerado qualquer código a partir de um Merge Node, apenas marca o fim das declarações "if-else (if)".

1.5. A transformação

Podemos agora adicionar a nossa transformação. O processo começa por encontrar o(s) nó(s) inicial(ais) e depois segue o fluxo a partir daí.

Se a transformação encontrar uma ação, chamará a API com o nome da ação e avançará para o fluxo seguinte.

Se estivermos a deslocar-nos para um nó de decisão, criamos um bloco "if... else if... else if... else" para o número de arestas que saem do nó. Quando encontrar um nó de fusão, fechará o bloco "se". Precisamos de algumas informações para criar a condição. Optamos por criá-la como um teste em uma variável que tem o nome do nó de decisão. O valor com o qual ela é comparada é o nome da borda que sai do nó de decisão. Isto significa que precisamos de definir esta variável. Normalmente, isso é feito através de uma chamada anterior à API. No nosso exemplo, é a ação "encomenda" que define se a encomenda é urgente ou não.

Se o fluxo encontrar um nó Fork, a nossa transformação criará uma nova thread para cada aresta de saída. E quando o fluxo encontra o nó Join, precisamos de esperar que cada thread termine o seu trabalho. Para isso, usamos a função join() de Java.

Se cumprirmos uma restrição, a transformação cria um "teste se". Se o teste for verdadeiro, então tudo está normal e seguimos em frente. Caso contrário, adicionamos este teste à nossa lista de erros para que o programa se possa "lembrar" do que correu mal.

Quando um nó é alcançado e o código é gerado, passamos para o(s) nó(s) seguinte(s) e fazemos as mesmas verificações para ver que tipo de nó encontrámos e criamos o código correto até encontrarmos o nó final.

No final, quando todos os nós estiverem transformados em código Java, é necessário criar um relatório que será apresentado ao utilizador. Por enquanto, é impresso na consola, mas podemos criar uma janela pop-up ou enviar um e-mail. Na verdade, poderíamos enviar um e-mail quando uma restrição não for atendida

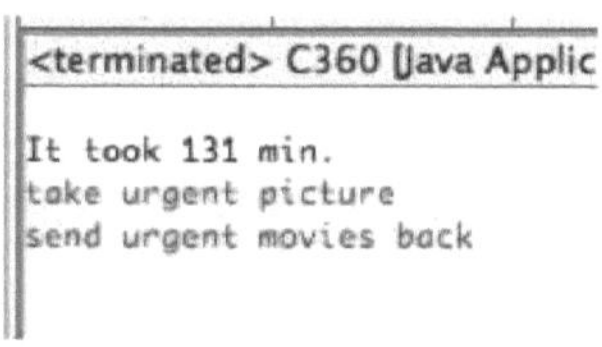

Figura 4-5 Relatório muito simples

Agora podemos desenhar um Diagrama de Actividades como quisermos e adicionar restrições. Veja a Figura 5-1 para um exemplo de um Diagrama de Actividades. Temos de nos lembrar que o nome da ação será a chamada à API que o programa fará. Quando isto estiver feito, podemos executar a nossa transformação e depois executar o programa que é gerado e ver se tudo funciona corretamente.

5. A nossa experiência

5.1. Introdução à nossa experiência

Vamos tentar criar uma ferramenta que utilize o Diagrama de Actividades como uma ferramenta de gestão de projectos. A ideia é que um gestor de projeto possa criar um fluxo de trabalho representado por um Diagrama de Actividades e adicionar restrições a este fluxo de trabalho. A partir da atividade, iremos gerar código Java que irá verificar estas restrições e apresentar um relatório. Para nos ajudar a mostrar o que conseguimos, vamos agora definir um caso de teste e alguns conceitos importantes que utilizaremos ao longo deste caso. De seguida, mostraremos as nossas deduções. Como e porquê optámos por criar a ferramenta como o fizemos. Além disso, mostraremos quais são as limitações da ferramenta tal como está atualmente e daremos algumas sugestões sobre o que poderíamos fazer para melhorar a ferramenta ou ajustá-la para outros fins.

Queremos mostrar quais são os desafios deste tipo de ferramenta de integração e quais seriam as vantagens. A hipótese é que podemos usar um Diagrama de Actividades para controlar um projeto. Para mostrar isso, vamos criar o plug-in do Eclipse que fará a conexão entre o Diagrama de Atividades UML e o sistema de controle de projetos. Depois disso, discutiremos que tipos de integração estão disponíveis e porque é que escolhemos um em vez de outros. Além disso, explicaremos que tipo de problemas existem e que soluções estão disponíveis.

Para simplificar a aula deste capítulo, gostaríamos de definir alguns conceitos que serão utilizados:

- Uma Chamada de Gestão ou Chamada de Gestor é uma chamada feita pelo gestor de projeto no Diagrama de Actividades. Este é o nome da ação que será transformada numa chamada API para o sistema externo.
- As restrições neste capítulo são restrições de tempo de execução. Estas são restrições que o nosso gestor de projeto adicionará ao Diagrama de Actividades. Estas não são restrições UML usadas na validação dos diagramas.

5.2. Descrição do caso

Utilizador: a pessoa que utiliza a MADE. É considerado o decisor da empresa. Também lhe chamaremos gestor porque, no nosso caso, o utilizador é suposto ser um gestor de projeto.

Empresa: A empresa que recebe as encomendas dos clientes e lhes entrega os produtos acabados.

Cliente: a pessoa ou empresa que pretende obter um filme de 360 graus para a sua página Web.

Encomenda: trata-se de um trabalho efectuado pela empresa para o cliente.

Data de vencimento: a data em que uma encomenda deve ser concluída.

Fotógrafo: uma pessoa que tira fotografias.

Técnico: uma pessoa que monta imagens num filme de 360 graus.

Gabinete do cliente: um gabinete que trata dos pedidos dos clientes e entrega o produto.

Gabinete de trabalho: um gabinete constituído apenas por técnicos.

Conjuntos de ficheiros: um conjunto de ficheiros é um conjunto de ficheiros que correspondem a uma ordem. Existe uma relação de um para um. Isto significa que um conjunto de ficheiros pertence a uma ordem e que uma ordem só pode conter um conjunto de ficheiros.

A empresa recebe uma encomenda de um cliente.

A empresa cria uma ordem nos seus sistemas. O tipo de ordem é determinado pela sua data de vencimento. Pode ser normal ou urgente.

A empresa atribui um fotógrafo a uma encomenda.

Um fotógrafo tira fotografias e envia-as para um gabinete de trabalho. O fotógrafo não decide para que gabinete vai enviar os ficheiros. É decidido pela empresa com base no tipo de encomenda.

O escritório de trabalho recebe os conjuntos de dossiers. Os empregados do escritório de trabalho são atribuídos a um conjunto de dossiers.

Quando o empregado tiver terminado o seu filme de 360 graus a partir das fotografias, envia-o de volta. Os ficheiros devem ser enviados para o gabinete do cliente correto. Isto deve ser tratado pelo sistema para evitar erros.

Quando os ficheiros são descarregados para o escritório do cliente, este deve receber um alerta.

O cliente pode querer correcções do filme de 360 graus, o filme é, mais uma vez, enviado através do sistema como uma nova encomenda (a encomenda antiga é fechada). Os ficheiros antigos devem seguir a nova encomenda.

Quando o cliente aceita a película de 360 graus, a encomenda é encerrada.

Figura 5-1 o nosso exemplo

5.2.1. Seleção de um tipo de integração para a ferramenta.

Há 3 possibilidades que podemos escolher para a integração da ferramenta:

1. A primeira é utilizar chamadas diretas da API para um sistema de controlo de projectos. Isto significa que todas as acções do diagrama são comandos Java (talvez outros) de um programa que controla um sistema. O programa pediria para iniciar a(s) fase(s) seguinte(s) quando o diagrama tivesse terminado uma ação.

2. A segunda API chama diretamente um ou vários softwares. Assim, utilizaríamos o MADE como um controlador de projeto. Por exemplo, a primeira ação seria enviar um ficheiro, a segunda seria enviar uma notificação de carregamento de um ficheiro e a terceira seria uma notificação de transferência. Poderíamos pensar em alargar estas acções para utilizar SOAP ou XML-RPC.

3. A terceira é exportar o diagrama para uma ferramenta de planeamento de projectos e deixar que a ferramenta faça o controlo. Nesse caso, seria apenas uma ferramenta de conceção de planos de projeto.

Há ainda uma quarta possibilidade que não mencionámos aqui. Poderíamos criar a nossa ferramenta com uma API que outros sistemas pudessem chamar. Isto simplificaria a criação da nossa ferramenta, uma vez que não precisaria de depender de nada. O problema seria o facto de o outro sistema necessitar de uma extensão ou de um plug-in para efetuar essas chamadas . Excluímos esta possibilidade porque pensamos que seria um ótimo suplemento, mas não suficientemente bom para ser um sistema autónomo. No entanto, é uma possibilidade que podemos analisar numa fase posterior, depois de termos uma aplicação autónoma funcional.

O primeiro tipo (número 1) de integração tem a vantagem de sabermos que tipo de chamada estamos a fazer. As chamadas API de que necessitamos estão predefinidas no sistema de controlo do projeto e não precisamos de nos preocupar com as chamadas para o sistema que estamos a observar com o nosso Diagrama de Actividades no MADE. Por outro lado, não nos permitirá ter um controlo muito bom se faltar alguma coisa no sistema de controlo do projeto. Por exemplo, se precisarmos de algumas chamadas de volta ao MADE que ainda não estão no sistema de controlo do projeto, pode não ser fácil adicioná-las. Até mesmo impossível se o programa for um programa fechado como o MS Project.

O segundo tipo (número 2) dá-nos o tipo de controlo que não temos com o primeiro. Podemos ajustar o MADE diretamente à API do sistema que queremos controlar. Na minha opinião, isto tem prós e contras. É obviamente positivo que possamos modificar o nosso plug-in e que este funcione com outras API. Isso abrirá o MADE a quase todos os projectos. A desvantagem é que há muito trabalho envolvido em ambos, fazer as modificações, ou criar o MADE para que ele possa reconhecer todas as chamadas de API de uma nova interface que seria adicionada. Como mencionado acima, poderíamos criar um serviço SOAP que transformaria um WSDL em um novo mapeamento de possíveis chamadas de API. Mas isto ultrapassa o âmbito deste documento.

O terceiro tipo (número 3) é um plug-in muito limitado. Se o desenvolvermos, será apenas uma representação gráfica do projeto que será adicionada. Teremos também de encontrar ou adaptar um sistema existente que nos permita exportar o projeto de volta para um Diagrama de Actividades.

Agora precisamos de decidir qual o tipo que queremos implementar. Se compararmos o primeiro e o segundo, podemos ver que ambos se referem a chamadas de API. O primeiro restringe as chamadas a um sistema de controlo de projectos e o segundo planeia chamar qualquer tipo de sistema. Isto significa que o segundo inclui o primeiro. Assim, podemos dizer que a segunda é uma solução melhor do que a primeira. Agora, se compararmos a segunda e a terceira possibilidades, também pensamos que a segunda inclui a representação gráfica. A terceira abordagem tem a vantagem de podermos utilizar o planeamento avançado de projectos, pelo que não teremos de ser nós a fazê-lo, mas teremos de encontrar uma forma de comunicar com esses sistemas. Na minha opinião, é melhor manter o controlo de cada passo entre a nossa ferramenta e os sistemas utilizados para executar as acções.

Assim, pensamos que devemos tentar implementar uma ferramenta que utilize chamadas API diretamente para software ou muitos sistemas diferentes (possibilidade número 2). Pensamos que é melhor mostrar as possibilidades nesta parte, pois provaria que pode lidar com chamadas para um sistema de controlo de projectos (possibilidade número 1), uma vez que não se limitaria ao controlo de projectos, mas funcionaria com qualquer sistema. Além disso, também pensamos que é melhor do que a terceira possibilidade, uma vez que não dependeremos de outros sistemas.

5.3. Análise dos desafios

A solução que escolhemos tem, naturalmente, alguns desafios. O primeiro que encontrámos é que teremos de introduzir uma restrição. Para que as ferramentas comuniquem entre si, o plug-in precisa de saber quais são as chamadas à API . Decidimos utilizar o nome de uma ação como o nome da chamada à API. Isso cria o problema de que é a pessoa que cria o Diagrama de Atividades que precisa saber quais são as chamadas da API e escrevê-las como o nome da Ação. Por exemplo: "order" como nome da ação é válido porque existe uma API. Esta é uma restrição importante no nosso programa. E pensamos que é importante mencionar duas formas de avançar com este problema. Podemos analisar a API e restringir o nome das Acções para o gestor de projeto. Ou teremos de ajustar a API às chamadas efectuadas a partir das Acções.

Em segundo lugar, precisamos de ter uma comunicação bidirecional entre a nossa ferramenta e a API, porque queremos criar uma ferramenta que não seja específica de uma API. Isto significa que a nossa ferramenta vai fazer uma chamada e precisa de uma resposta a essa chamada. O tipo de resposta dá-nos o nível de controlo que podemos ter na nossa ferramenta. Por exemplo, se a resposta for apenas para dizer que a ação foi executada, o controlo que teremos é muito limitado, uma vez que não dispomos de mais informações. Se quisermos utilizar a nossa ferramenta para verificar os custos de um projeto, precisaremos das respostas das chamadas à API para devolver um custo. Podemos ignorar este problema e comunicar o resultado obtido ao nosso gestor de projeto, dando-lhe a possibilidade de preencher os espaços em branco. Outra coisa que também podemos fazer é restringir as possibilidades no diagrama para ajustar a API. Por exemplo, não é possível criar restrições monetárias no diagrama se a API não comunicar qualquer montante.

Estes dois problemas são bastante semelhantes. Criam uma restrição que pode ser resolvida ajustando a API ao que se pretende alcançar com a nossa ferramenta ou limitando as possibilidades do gestor de projectos. Assim, teremos de escolher entre mais funcionalidade e trabalho extra para os programadores ou nenhum trabalho adicional e funcionalidade limitada.

No nosso teste, faremos o trabalho extra para não limitarmos as possibilidades do plug-in. Mas não podemos fazer este trabalho para toda a gente. Por conseguinte, será importante analisar a forma como podemos resolver estes problemas, limitando as possibilidades do gestor de projectos.

5.4. Descrição dos testes

O que queremos testar é a usabilidade do nosso plug-in. O que é que ele oferece que os outros não oferecem? Quais são as limitações e o que podemos fazer para as resolver. Vamos agora mostrar a nossa primeira implementação e quais as alterações que fizemos para tentar melhorar a ferramenta e quais os inconvenientes que foram acrescentados devido a essas alterações.

Na experiência inicial, tentámos criar uma ferramenta destinada a gestores sem quaisquer conhecimentos de TI. Pensámos que melhoraria a comunicação entre a gestão e o departamento de TI (ou um sistema baseado em computador). Há alguns problemas com esse objetivo. O principal é a comunicação entre os dois sistemas (o nosso plug-in e o sistema externo). Decidimos, então, estabelecer a limitação de que a ação deve ter o mesmo nome que as chamadas API para o sistema externo. Isto deve-se a problemas na geração de código. Uma vez que precisamos de chamar a API, precisamos de saber qual é o nome da chamada da API.

Optámos por esta solução porque não implicava a reescrita do plug-in. As restrições são adicionadas ao utilizador e não ao nosso sistema. Se quisermos que um gestor sem qualquer conhecimento da API possa utilizar esta ferramenta, teremos de fornecer uma lista de nomes que pode utilizar para uma ação. Na minha opinião, isso tornará a ferramenta mais difícil de criar. Pensamos que é um verdadeiro desafio melhorar esta ferramenta para verificar a API e fornecer uma lista de nomes possíveis. E colocaremos isto como uma sugestão de melhoria para a ferramenta.

Vejamos as possibilidades que temos aqui. Podemos partir do princípio de que o utilizador da nossa ferramenta sabe o que são as chamadas da API e que pode utilizar as chamadas corretamente. Com este pressuposto, podemos continuar com o nosso plug-in tal como está e assumir que as comunicações estão corretas. Isto exigiria muito do utilizador, mas atingiria o nosso objetivo de lhe permitir adicionar restrições a um Diagrama de Actividades e verificar se o sistema cumpre os requisitos. Como mencionado acima, uma ajuda fácil para o utilizador seria o nosso plug-in ler a API e fornecer uma lista de possibilidades para o utilizador escolher. O plug-in também poderia verificar em tempo de execução se os nomes escritos são chamadas API corretas. Não vamos implementar isto neste momento, uma vez que o importante é que as chamadas estejam corretas e vamos apenas assumir que o utilizador conhece as chamadas.

Outra possibilidade que devemos analisar é o que devemos fazer se a chamada estiver incorrecta. O nosso plugin cria um código Java a partir do Diagrama de Actividades e guarda-o no espaço de trabalho do Eclipse. O Eclipse, por defeito, compila automaticamente depois de guardar o ficheiro Java. Em seguida, ele nos dará um feedback com cada erro no código. Estes erros terão de ser corrigidos. Vemos duas abordagens diferentes para isso:

1. Refazer o Diagrama de Actividades para estar em conformidade com a API.
2. Alterar a API de modo a permitir mais possibilidades para o projeto.

Nenhuma delas se destaca como uma escolha óbvia em relação à outra. Uma análise mais aprofundada determinará qual escolher. Por exemplo, se as Chamadas de Gestão estiverem mal escritas, o utilizador terá de corrigir o seu diagrama. Noutras situações, a Chamada de Gestão é algo que falta na API e deve ser adicionada. Ou terá de ser adicionada outra API para preencher a parte em falta.

Vemos isto acontecer no nosso caso de teste. Podemos ver que há uma parte do sistema que está a tratar as imagens e há uma ação que está a criar uma fatura. Normalmente, são dois sistemas diferentes que tratam estas duas coisas. Por isso, precisaríamos de duas APIs. Vamos experimentar estas duas possibilidades e ver onde nos levam.

Primeiro tentámos que funcionasse com um mínimo de alterações à API, pelo que foi implementada a primeira possibilidade. O ajuste ao Diagrama de Actividades será feito para se adequar à API. Não fizemos nenhuma alteração no diagrama que temos na Figura 5-1. A única coisa é que as chamadas à API não estão planeadas para funcionar com as restrições de tempo de execução que o gestor gostaria de verificar. Por exemplo, o envio de imagens não gera um custo. Trata-se provavelmente de um problema comum a este tipo de sistema, uma vez que apenas funciona para transferir as imagens. Esta parte do sistema não tem conhecimento dos seus custos. Outro exemplo é o tempo utilizado. Podemos verificar o tempo utilizado para enviar

os ficheiros, mas não é esse o objetivo da chamada à API. Teríamos de acrescentar algo para tratar da verificação da hora.

Por isso, talvez seja necessário utilizar a segunda solução. Tentamos adaptar a API para que as chamadas de gestão sejam corretas e possamos obter alguns valores que podemos utilizar para as restrições de tempo de execução. Do ponto de vista da usabilidade, não devemos alterar a API em si, uma vez que isso tornará mais lento tudo o que utiliza a API. A solução que escolhemos foi criar um complemento para a API. Por exemplo, se houver uma restrição de dinheiro, criamos um complemento que adiciona dinheiro como uma variável e chama a API. Vejamos o nosso exemplo. Quando a chamada do gestor é feita para enviar as fotografias para e precisamos de obter um custo a partir desta chamada, temos de criar o suplemento que irá chamar a API para enviar as fotografias e adicionar um sistema que produza um custo para isso. No entanto, não existe uma solução simples para o fazer. Existem diferentes possibilidades, como a introdução de dados pelo utilizador, em que pedimos ao utilizador que introduza o custo no sistema, cálculos em que o nosso gestor tem de definir a forma como os custos são calculados, a utilização de outra API que pede ao sistema de contabilidade, etc.

Com esse tipo de solução, precisaríamos de muito trabalho cada vez que uma variável usada como uma restrição de tempo de execução fosse alterada. Mas, como mencionado anteriormente, precisamos de criar uma comunicação bidirecional entre o Diagrama de Actividades e as APIs em utilização. No nosso caso de teste, avançámos com esta hipótese e criámos esta ponte entre o Gestor e os sistemas em utilização.

5.5. Resultados da experiência

A nossa experiência mostra que podemos criar uma ferramenta que transforma os Diagramas de Atividade em código Java que pode fazer chamadas à API. No entanto, para criar um programa útil, tivemos de escrever uma interface entre as chamadas do Gestor e a API. Essa interface adiciona funcionalidade à API ou combina diferentes APIs para lidar com restrições de tempo de execução. Como mencionado anteriormente, o principal problema é que as APIs não são criadas para fazer nada mais do que o que é esperado delas no sistema. Por exemplo, o envio de ficheiros é suposto enviar ficheiros e nada mais, pelo que precisávamos de acrescentar algo que nos permitisse verificar as restrições de tempo de execução, como dinheiro ou tempo.

6. Discussão

6.1. Justificação da escolha das ferramentas para criar o MADE

Há dois pontos principais quando falamos sobre como queríamos criar a nossa ferramenta. Quisemos torná-la de código aberto e quisemos utilizar a abordagem MDA.

O software de código aberto (OSS) pode ser definido como um software de computador cujo código fonte legível por humanos é disponibilizado ao abrigo de uma licença de direitos de autor (ou de um acordo como o domínio público) que cumpre a definição de código aberto. Isto permite que os utilizadores utilizem, alterem e melhorem o software, e o redistribuam de forma modificada ou não modificada. É frequentemente desenvolvido de forma pública e colaborativa. O OSS é o exemplo mais proeminente de desenvolvimento de software de fonte aberta e é frequentemente comparado a conteúdos gerados pelos utilizadores. Geralmente, ajuda o software a desenvolver-se mais rapidamente e, espera-se, melhor do que o software fechado. Optámos por esta abordagem porque queremos que qualquer pessoa interessada no MADE possa utilizá-lo e/ou alterá-lo para que se adapte às necessidades de outros utilizadores.

A arquitetura baseada em modelos (MDA) é uma abordagem de conceção de software lançada pelo Object Management Group (OMG) em 2001. A MDA apoia a engenharia de sistemas de software orientada por modelos. Fornece um conjunto de diretrizes para a estruturação de especificações expressas como modelos. A abordagem MDA define a funcionalidade do sistema através de um modelo independente da plataforma (PIM), utilizando uma linguagem adequada específica do domínio. Em seguida, dado um modelo de definição de plataforma (PDM) correspondente a CORBA, .NET, Web, etc., o PIM é traduzido para um ou mais modelos específicos de plataforma (PSM) que os computadores podem executar. O PSM pode utilizar diferentes linguagens específicas do domínio ou uma linguagem de uso geral como Java, C#, PHP, Python, etc. Esta tradução é geralmente efectuada por ferramentas automatizadas. Os princípios da MDA também se podem aplicar a outras áreas, como a modelação de processos empresariais, em que o PIM é traduzido para processos automatizados ou manuais. A OMG centra a arquitetura orientada por modelos na engenharia avançada, ou seja, na produção de código a partir de especificações abstractas e elaboradas por humanos. O grupo Analysis and Design Task Force (ADTF) da OMG lidera este esforço. O modelo MDA está relacionado com várias normas, incluindo a Unified Modeling Language (UML), o Meta-Object Facility (MOF), o XML Metadata Interchange (XMI), o Enterprise Distributed Object Computing (EDOC), o Software Process Engineering Metamodel (SPEM) e o Common Warehouse Metamodel (CWM). Note-se que o termo "arquitetura" na arquitetura baseada em modelos não se refere à arquitetura do sistema que está a ser modelado, mas sim à arquitetura das várias normas e formas de modelos que servem de base tecnológica para a MDA. A UML executável (xUML ou xtUML) é uma abordagem específica para implementar a MDA.

Então, que ferramentas podemos utilizar? Em fevereiro de 2008, a OMG publicou um livro branco intitulado "Understanding tool requirements for Model Driven Architecture" [24]. Este documento explica um pouco da MDA e faz uma lista do que a ferramenta deve ser capaz de fazer.

Muitas ferramentas afirmam permitir o desenvolvimento MDA, mas a realidade mostra que apenas a parte

de geração de código do MDA é suportada. Consequentemente, o desenvolvimento orientado por modelos tornou-se uma palavra de ordem, acreditando-se que o principal objetivo é a automatização de 100% da geração de código. Pelo contrário, a MDA deve ser utilizada de forma vantajosa em várias fases do ciclo de vida do desenvolvimento de software, a fim de enriquecer as metodologias de desenvolvimento e de impor a conformidade da arquitetura. As principais tecnologias incorporadas nas ferramentas MDA devem ser orientadas para permitir que os programadores maximizem as suas actividades durante o processo MDA. Para que uma ferramenta seja compatível com a MDA, tem de oferecer ao utilizador a interoperabilidade de todos os ingredientes do processo MDA. Assim, definiremos uma ferramenta MDA como uma ferramenta que fornece meta-modelação, modelação UML, transformações modelo-para-modelo, transformações modelo-para-texto, execução de transformações e repositório de modelos.
O próprio Eclipse não fornece todos estes elementos, mas existe um plug-in para cada elemento. Utilizamos os plug-ins EMF e UML para a modelação. Existem plug-ins ATL e QVT para a transformação modelo a modelo[25]. Existe um plug-in MOF, entre muitos outros, como o JET, para transformações de modelo para texto[26]. Existe também a possibilidade de incluir compiladores para muitas linguagens diferentes, como Java, C, C++, etc.
Assim, utilizamos o Eclipse porque a arquitetura da plataforma se baseia na possibilidade de permitir aos utilizadores criarem os seus próprios plug-ins para fazerem o que quiserem e já existem plug-ins que fazem dele uma boa ferramenta MDA. Isto é facilitado pela filosofia do Eclipse de ajudar os outros a acrescentar funcionalidades. Por exemplo, o plug-in GMF é um plug-in que ajuda a criar plug-ins. Existem muitas ferramentas que simplificam a criação de novos plug-ins.

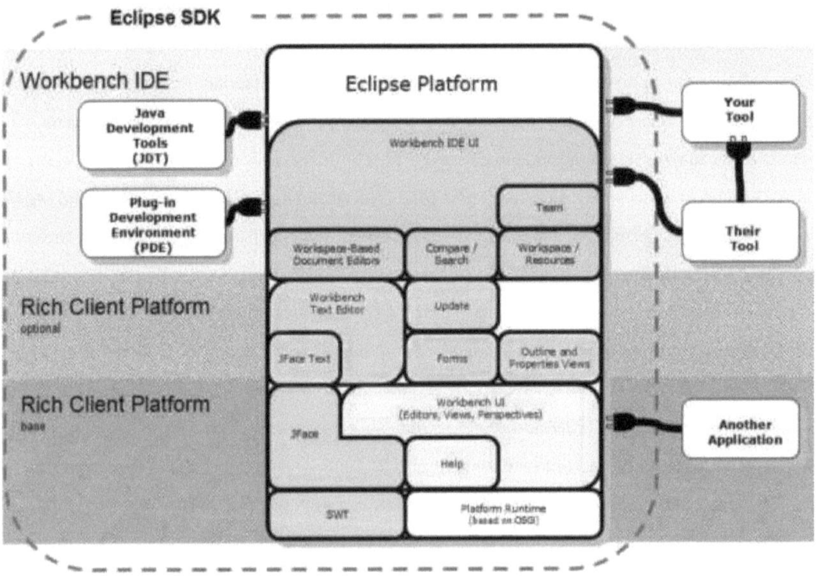

Figura 6-1 A Arquitetura do Eclipse

A Figura 6-1 mostra um plug-in que utiliza outro. É exatamente por isto que o Eclipse é tão simples. Criamos

o plug-in MADE em cima do plug-in GMF. E o plug-in GMF é criado com outros plug-ins do Eclipse.
A segunda vantagem de usar o Eclipse é o facto de já existir um meta-modelo UML pronto a ser implementado no EMF. O meta-modelo UML é central no nosso trabalho. Na base do plug-in GMF, precisamos de um meta-modelo que represente o que será o nosso plug-in. E isso já foi feito por pessoas competentes que trabalharam arduamente durante algum tempo para o conseguir. É certamente um modelo muito melhor do que aquele que nós próprios teríamos feito. O único problema é que existe um meta-modelo UML completo e nós só precisamos da parte sobre Activity Diagrams. Assim, o modelo é demasiado grande para nós e não é fácil obter uma visão completa do mesmo. Uma das principais vantagens é o plug-in GMF que foi criado para este tipo de projectos.
O GMF é realmente bom para nós porque um utilizador do GMF obtém todas as vantagens de uma abordagem generativa - código de diagramação totalmente funcional gerado automaticamente e facilmente regenerado após modificação do modelo. Os pontos de variabilidade adicionais específicos do gerador ajudam a personalizar o código gerado para o utilizador final. O código gerado é optimizado e comprovado por uma grande comunidade. Como muitos utilizadores reconhecerão, a parte generativa envolve sobretudo o trabalho de desenvolvimento de uma nova linguagem para a descrição de diagramas e enquadra-se perfeitamente nos conceitos de Programação Generativa[27] ou Fábricas de Software[28].
As outras vantagens são que nos dá um bom nível de controlo, uma vez que podemos alterar os modelos. Podemos acrescentar, retirar ou ajustar elementos no UML.ecore (ver capítulo 3.2). Esta é a base do nosso plug-in. É também de código aberto, pelo que podemos alterar a forma como o nosso plug-in é gerado pelo GMF. Além disso, utiliza MDA/MDE[29], o que nos permite atualizar as alterações muito rapidamente. Por exemplo, se quisermos atualizar a representação gráfica do nó Ação, fazemo-lo num modelo e podemos gerar o nosso novo plug-in com esta alteração.
O GMF está a começar a ser uma boa ferramenta, mas não era assim quando começámos este projeto. Quando o GMF foi lançado em junho de 2006, funcionava para modelos (meta-)pequenos mas não conseguia lidar com modelos maiores. Por exemplo, o projeto de ferramentas UML estava a utilizar o GMF para criar as suas ferramentas, mas teve de reescrever a maior parte do código gerado porque estava errado. Alguns colaboradores até escreveram correcções para o gerador de código. Nessa altura, tivemos de criar o meta-modelo UML com muitas partes em falta para que o GMF o pudesse tratar. E ainda havia problemas quando a transformação foi feita. Tivemos realmente grandes problemas para a fazer funcionar. Mas não podemos colocar a culpa apenas no GMF. Nessa altura, a versão oficial era o Eclipse 3.2 e muitos dos problemas do GMF provinham da plataforma Eclipse. Quando o Eclipse 3.3 ficou pronto, o GMF 2.0 tinha uma plataforma muito mais robusta para trabalhar. A evolução do GMF desde junho de 2006 é bastante impressionante. Foram corrigidos mais de 3000 bugs nos últimos dois anos. Em julho de 2008, ainda existem mais de 700 bugs em aberto, mas o plug-in está a funcionar na maior parte do tempo. Por vezes, é necessário reiniciar o Eclipse para que as alterações sejam visíveis, mas não encontrámos problemas com bloqueadores desde o lançamento do GMF 2. Por vezes, há coisas que não estão a

funcionar. No entanto, geralmente conseguimos encontrar soluções alternativas para fazer as coisas, embora ainda esteja longe de ser perfeito. Na versão 2.1 de junho de 2008, houve mais de 1200 correcções de erros.

Porque não utilizar outras ferramentas? A questão principal é que já conhecíamos a plataforma. Há 6 anos que trabalhamos com muitos plug-ins diferentes e, atualmente, temos um bom conhecimento da plataforma. Sem sermos especialistas, sabemos como procurar um plug-in que se adapte às nossas necessidades. Além disso, podemos descobrir se existem problemas com o sistema e resolvê-los ou encontrar ajuda para os resolver.

Também tentámos encontrar outras ferramentas que trabalhem com UML e geração de código. Existem bastantes. Após uma breve análise, descobrimos que cerca de 90% são baseadas no Eclipse. Podemos citar algumas como Rational, Omondo, Papyrus, MyEclipse, Poseidon e muitas outras.

Uma última ferramenta que devemos mencionar é o Blueprint Modeling Environment (Blueprint ME). Também é baseado no Eclipse e é supostamente o primeiro a suportar todas as recomendações da OMG para este tipo de produto. De facto, integra as normas orientadas para modelos da OMG (MOF, UML, XMI, QVT e M2T). Gostaríamos muito de ver o que pode fazer, mas só será lançado no verão de 2008. Por isso, a limitação de tempo impede-nos de analisar este produto em pormenor.

Assim, concluímos que o Eclipse é a melhor plataforma para construir este tipo de projeto, uma vez que a maioria das outras é baseada no Eclipse e a OMG recomenda a utilização de uma ferramenta baseada no Eclipse. Para além disso, existe o plug-in GMF que nos ajudará a construir a nossa ferramenta e já temos um bom conhecimento da plataforma.

6.2. Discussão sobre os resultados da experiência

Antes de falar sobre o resultado da experiência, há um ponto importante a referir sobre a própria experiência. Alterámos os modelos várias vezes e gerámos frequentemente novos plug-ins MADE durante este período. De vez em quando, actualizámos a plataforma (Eclipse, GMF e as suas dependências) e devemos dizer que tem sido cada vez mais rápido. É claro que fazemos as alterações mais rapidamente porque adquirimos um melhor conhecimento do GMF, mas também o GMF em si foi muito mais rápido de transformar e executar. A primeira transformação efectuada demorou quase 2 horas e foram necessários mais 5 minutos para iniciar o Eclipse com o MADE do que sem ele. Após as últimas actualizações, as alterações e a geração do editor demoraram menos de dois minutos e quase não há diferença quando se inicia o Eclipse com ou sem o MADE. Isto é apenas para dizer que o GMF melhorou muito desde que começámos. Não só a correção de erros, mas também o desempenho.

Passemos agora à experiência propriamente dita.

Como dissemos no Capítulo 4.3, precisávamos adicionar restrições ao meta-modelo UML. Primeiro tentámos adicioná-las ao UML.ecore e correu bem, mas deixámos de usar o UML.ecore porque era demasiado pesado para o plug-in do GMF analisar. Depois criámos o nosso próprio meta-modelo no EMF. Era um modelo muito simples que incluía apenas os elementos que utilizávamos no nosso editor. Além disso, era muito mais leve para o GMF, pelo que avançámos com esta solução. Provavelmente, deveríamos acrescentar um perfil ao UML para sermos mais exactos. Mas o tempo estava contra nós. Principalmente porque não queríamos esperar 2 horas de cada vez que fazíamos pequenas alterações e o GMF não lidava muito bem com modelos grandes.

À medida que avançámos no tempo, o GMF tornou-se muito mais forte e conseguia lidar com modelos maiores, pelo que também o experimentámos. Funcionava bem, mas parecia bastante irrelevante, uma vez que havia outro subprojecto do Eclipse chamado UML Tool que lançava editores baseados no GMF do Eclipse que eram mais completos e mais rápidos. Fizemos alguma pesquisa sobre a forma como o faziam e descobrimos que, na verdade, usam o GMF para criar código, mas que há alguns ajustes no gerador de GMF para satisfazer as suas necessidades. Como se trata de código aberto, tentámos adicionar as nossas restrições aos modelos que utilizam, sem sucesso, porque as soluções alternativas que utilizam não funcionam com as nossas restrições de tempo de execução.

Depois de criar o editor do Diagrama de Actividades, passámos à geração de código com o MOFScript. Escolhemos o MOF em vez do JET porque a documentação é mais fácil de compreender e havia muita ajuda para obter.

O passo seguinte foi implementar a lógica de que falámos no capítulo 4.4. Foi uma transformação direta em . Limitámo-nos a seguir a lógica. O problema era encontrar a forma de implementar as nossas variáveis de recursos e as restrições de tempo de execução. No início, tentámos definir todas as variáveis no início do tempo de execução e depois actualizámo-las à medida que avançávamos ao longo dos traços do diagrama. Quando criámos novas threads, acedemos às variáveis a partir da thread. Isso não funcionou porque o resultado era errado se precisássemos testar uma restrição de tempo de execução dentro de uma thread. Se tivermos threads paralelas e houver um teste a ser efectuado numa delas, as alterações ao recurso noutra thread não podem ser tidas em conta. Por isso, alterámos esta situação de modo a criar variáveis locais em cada thread. É o mesmo princípio que no início do Diagrama de Actividades. Apenas criamos todas as variáveis localmente em cada nova thread e actualizamos a thread principal no nó de fusão. Um ponto importante aqui é que precisamos esperar que todos os traços cheguem ao nó de mesclagem antes de podermos atualizar a thread principal. Isso ocorre porque ainda pode haver uma restrição de tempo de execução em um thread, mesmo após o término de outro.

Embora existam algumas dificuldades na geração de código a partir do Diagrama de Atividades com Restrições de Tempo de Execução, mostramos que podemos criar código Java em execução. Agora vamos dar uma olhada em alguns problemas com o código gerado.

Mencionamos anteriormente que um dos principais desafios é a comunicação entre o Diagrama de Atividades e as APIs que chamaremos. As chamadas do Manager geralmente esperam mais do que a API pode fornecer para poder verificar as restrições de tempo de execução. No nosso projeto, falta-nos uma forma fiável e completa de adicionar variáveis de restrições à API. Deveríamos ser capazes de ir mais longe com este trabalho para o podermos fazer. Uma possibilidade seria combinar com outros diagramas, como os Diagramas de Classes, para gerar esta interface que nos permitiria adicionar o suporte de variáveis de restrições em tempo de execução à API, se as variáveis de restrições já forem suportadas. Também poderíamos analisar este problema ao contrário e limitar as restrições de tempo de execução à API. Neste caso, teríamos de verificar o que a API oferece para definir quais as restrições de tempo de execução que poderíamos utilizar e limitar o utilizador às variáveis definidas na API. Esta solução restringiria a usabilidade para o gestor. No entanto, se formos ainda mais longe e aceitarmos que a API foi realmente concebida para este tipo de projeto, não deverá ser um grande problema ajustá-la.

A nível de usabilidade, há alguns pontos que devem ser melhorados para tornar esta ferramenta numa ferramenta utilizável. Em primeiro lugar, o plug-in deve ser alargado para fornecer uma lista de possíveis Manager Calls ao utilizador. Uma das hipóteses no início deste projeto era que não queríamos exigir que o utilizador tivesse conhecimentos das API. O utilizador típico deveria ser um gestor de projectos e, possivelmente, com pouca experiência em TI. A solução para isto seria analisar as API e criar uma lista de todos os nomes possíveis que o gestor pode selecionar como nome da ação no diagrama.

Outro ponto é o facto de devermos acrescentar avisos diferentes. No sistema atual, apresentamos um relatório no final do rastreio. Um utilizador pode querer ser avisado imediatamente se algo não estiver em conformidade com as suas restrições de tempo de execução, para que possa ajustar o fluxo de trabalho ou alterar algumas restrições. Para conseguir este tipo de serviço em tempo real, devemos estudar a forma de enviar outros tipos de avisos, como correio eletrónico, SMS ou chamada API para outro sistema que trate dos avisos.

Para concluir este capítulo, precisamos de resumir o que aprendemos com o nosso teste. Podemos dizer que mostramos que os Diagramas de Atividades podem ser usados para controle de projetos com uma simples adição de Recursos e Restrições ao meta-modelo. Podemos criar um código Java em execução que verifica nossas restrições de tempo de execução. Não há dúvida de que há necessidade de um estudo mais aprofundado para mostrar como podemos facilitar a comunicação entre as ferramentas, mas mostrámos uma forma de o fazer. Além disso, também mostrámos que os Diagramas de Atividade podem ser utilizados para a descrição de projectos, como um meio de comunicação entre a gestão e o desenvolvimento. Não se trata de um conceito novo. Nos primórdios da UML, um dos seus primeiros usos foi para ajudar a representar os requisitos do sistema para um projeto. Mas fomos mais longe e mostrámos que os Diagramas de Atividade têm o seu lugar na MDD. Gerámos um código de execução a partir de um Diagrama de Actividades. Como discutimos, o Diagrama de Actividades por si só não é suficiente. Ele representa um fluxo de trabalho no sistema e precisaríamos de mais definições do sistema. Uma ideia que pode ser relevante é criar primeiro um diagrama de classes e depois limitar o nome das Acções na Atividade ao nome dos métodos no diagrama de classes. Parece que a arquitetura geral do sistema pode estar bastante completa quando o código for gerado. Mas é apenas uma sugestão que precisa de ser investigada mais aprofundadamente.

6.3. Comparação

6.3.1. O diagrama de actividades é adequado para a modelação de processos empresariais?

A partir de um artigo chamado Business Modeling with UML [30], os autores mencionam que: "Os diagramas de atividade são frequentemente utilizados em projectos de desenvolvimento de software para documentar o fluxo do programa, por exemplo, para mostrar o algoritmo utilizado para implementar uma operação específica. Os diagramas de actividades têm uma vasta gama de utilizações, na medida em que podem mostrar actividades (sequenciais e em paralelo), os objectos consumidos, utilizados ou produzidos por uma atividade, quem é responsável por uma atividade e as relações e dependências entre actividades. Tudo isto é essencial na modelação empresarial". E acrescenta ainda que: "Um processo é simplesmente um conjunto estruturado de actividades concebidas para produzir um resultado específico para um determinado cliente ou mercado. Implica uma forte ênfase na forma como o trabalho é efectuado numa organização, em contraste com a ênfase de um produto no quê. Um processo é, portanto, uma ordenação específica das actividades de trabalho ao longo do tempo e no local, com um início, um fim e entradas e saídas claramente identificadas: uma estrutura para a ação. Um processo pode, em termos simples, ser descrito como um conjunto de actividades."

Além disso, podemos mencionar Modeling Web Business Processes with OO-H and UWE [31], onde os autores afirmam que: "Para definir as construções e actividades de modelação necessárias, decidimos aderir a normas orientadas para os objectos bem conhecidas, nomeadamente à semântica e notação fornecidas pela UML. A utilização da UML para modelar processos empresariais não é nova. Do conjunto de técnicas de modelação fornecidas pelo UML, o diagrama de actividades é o mecanismo mais adequado para modelar o fluxo de trabalho empresarial, pelo que foi adotado tanto pela OO-H como pela UWE para definir os diferentes processos. Neste diagrama, os estados das actividades representam os passos do processo e as transições captam o fluxo do processo, incluindo bifurcações e junções para expressar conjuntos de actividades que podem ser processadas por uma ordem arbitrária."

Os autores desses artigos definitivamente acreditam que os Diagramas de Atividades são adequados para Processos de Negócios. Mas há outros como os que escreveram o artigo do Projeto ARC Discovery chamado On the Suitability of UML 2.0 Activity Diagrams for Business Process Modeling[32], onde eles argumentam que faltam algumas partes para que o Diagrama de Atividade seja uma ferramenta completa de Modelagem de Processos de Negócio. Oferecem um suporte abrangente para as perspectivas de controlo-fluxo e de dados, permitindo a captura direta da maioria das construções encontradas ao analisar estas perspectivas. No entanto, a sua adequação à modelação dos aspectos organizacionais ou relacionados com os recursos dos processos empresariais é limitada. É interessante notar que não são capazes de captar muitas das construções naturais encontradas nos processos empresariais, como os casos e a noção de interação com o ambiente operacional em que o processo funciona. Estas são limitações que partilham com a maioria dos outros formalismos de modelação de processos empresariais e reflectem a ênfase esmagadora que tem sido colocada nas perspectivas de controlo-fluxo e de dados nas notações de modelação contemporâneas.

O nível de apoio observado para os padrões de fluxo de controlo ilustra que existe um apoio relativamente amplo para captar os vários tipos de construções de fluxo de controlo que podem surgir em processos empresariais reais. Em termos de abordagem dos padrões que não são diretamente apoiados, gostaríamos de fazer as seguintes recomendações:

- Dadas as dificuldades em captar padrões baseados no estado, nomeadamente o padrão de encaminhamento paralelo intercalado e o padrão de marco, pode valer a pena fornecer suporte direto à noção de lugar tal como existe nas redes de Petri. Os lugares das redes de Petri captam a noção de "estado de espera" de uma forma muito menos restritiva do que a construção AcceptEventAction;
- Os Diagramas de Atividade UML 2.0 não suportam atualmente a criação de novas instâncias de uma atividade enquanto outras instâncias dessa atividade já estão em execução. Isto poderia ser resolvido através de extensões à construção ExpansionRegion, a fim de permitir que outras instâncias sejam criadas dinamicamente após o início da atividade; e
- Dada a falta de suporte para a fusão sincronizada, um conceito semelhante ao da junção OR poderia ser adicionado aos Diagramas de Atividade UML 2.0.

Quanto à avaliação do padrão de dados, o Diagrama de Actividades também oferece um bom suporte para tal. Além disso, as seguintes observações podem ser feitas:

- Não há noção de casos ou instâncias de processos distintos nos Diagramas de Atividade da UML 2.0, portanto, todos os dados são efetivamente bloqueados por padrão e os segmentos paralelos de execução ocorrem no mesmo espaço de dados. Isso pode levar a algumas situações problemáticas ao modelar processos altamente intensivos em dados e/ou altamente concorrentes.
- A utilização de "tokens" como base fundamental para o controlo e o fluxo de dados introduz algumas variações subtis que não existem noutros sistemas de informação sensíveis ao processo (exceto os baseados em redes de Petri) - em particular, os elementos de dados são verdadeiramente consumidos (e deixam de existir) quando são passados a uma atividade durante o período de duração da atividade. Isto também dificulta a partilha efectiva de um elemento/objeto de dados entre actividades concorrentes. Por outro lado, minimiza os problemas de concorrência.
- A abordagem por fichas constitui uma base eficaz para a interação de dados internos. Em especial, o tratamento de dados de múltiplas instâncias parece ser suportado para as três situações de múltiplas instâncias: tarefas designadas de múltiplas instâncias, tarefas acionadas por múltiplos accionamentos (loops) e tarefas em bloco com uma decomposição comum.
- Não parece haver qualquer capacidade para modelar coisas "fora do modelo", ou seja, no ambiente externo. Por conseguinte, não existe uma verdadeira capacidade de suportar padrões de interação de dados externos. Esta questão pode ser resolvida através da utilização de diagramas de atividade UML em conjunto com outros diagramas, tais como diagramas de interação, de síntese e de sequência UML, mas tal exige que as relações entre estes diagramas sejam cuidadosamente estabelecidas.

A avaliação dos padrões de recursos indica que o suporte dos diagramas de atividade UML 2.0 para a modelação das diretivas de distribuição do trabalho é relativamente mínimo. Isto reforça o facto de os Diagramas de Atividade UML 2.0 tenderem a ser centrados no fluxo de controlo e nos dados e terem como principal objetivo captar diretivas de encaminhamento estáticas simples associadas a acções. Não fornecem meios para representar as subtilezas associadas à atribuição selectiva de trabalho a uma série de elementos de trabalho em tempo de execução. Em particular, não existe um verdadeiro suporte para modelar qualquer forma de distribuição de trabalho que não seja a atribuição direta ou a atribuição baseada em funções. Não há oportunidade de utilizar recursos de dados (quer dentro do modelo, quer externamente a partir do ambiente), pelo que qualquer oportunidade de modelar a afetação organizacional, baseada no historial ou nas capacidades é obviada. Da mesma forma, não há suporte para especificar qualquer forma de algoritmo de distribuição de trabalho ou empregar estilos variados de distribuição de trabalho (por exemplo, push versus pull, oferta versus alocação).
Outras observações decorrentes da análise dos padrões de recursos incluem:

- O facto de as partições poderem resultar na atribuição simultânea de acções a mais do que um recurso pode levar a dificuldades quando é necessário um meio de atribuir trabalho baseado em funções a um único recurso. É importante notar que a resolução desta situação deve ser abordada como parte da implementação das acções no âmbito do Diagrama de Actividades.
- A capacidade de utilizar declarações OCL na especificação de partições (e também para especificar relações entre partições) aumentaria a capacidade dos ADs UML 2.0 para captar possíveis afectações de recursos, tanto em termos de precisão como da gama de estratégias de afetação de trabalho que poderiam ser representadas.

Outro artigo, intitulado "Extending the UML 2 Activity Diagram with Business Process Goals and Performance Measures and the Mapping to BPEL" [33], de Korherr e List, introduz o conceito de adicionar funcionalidade aos diagramas de atividade com perfil para acrescentar algumas restrições aos diagramas. Eis o exemplo que escolheram no seu artigo:

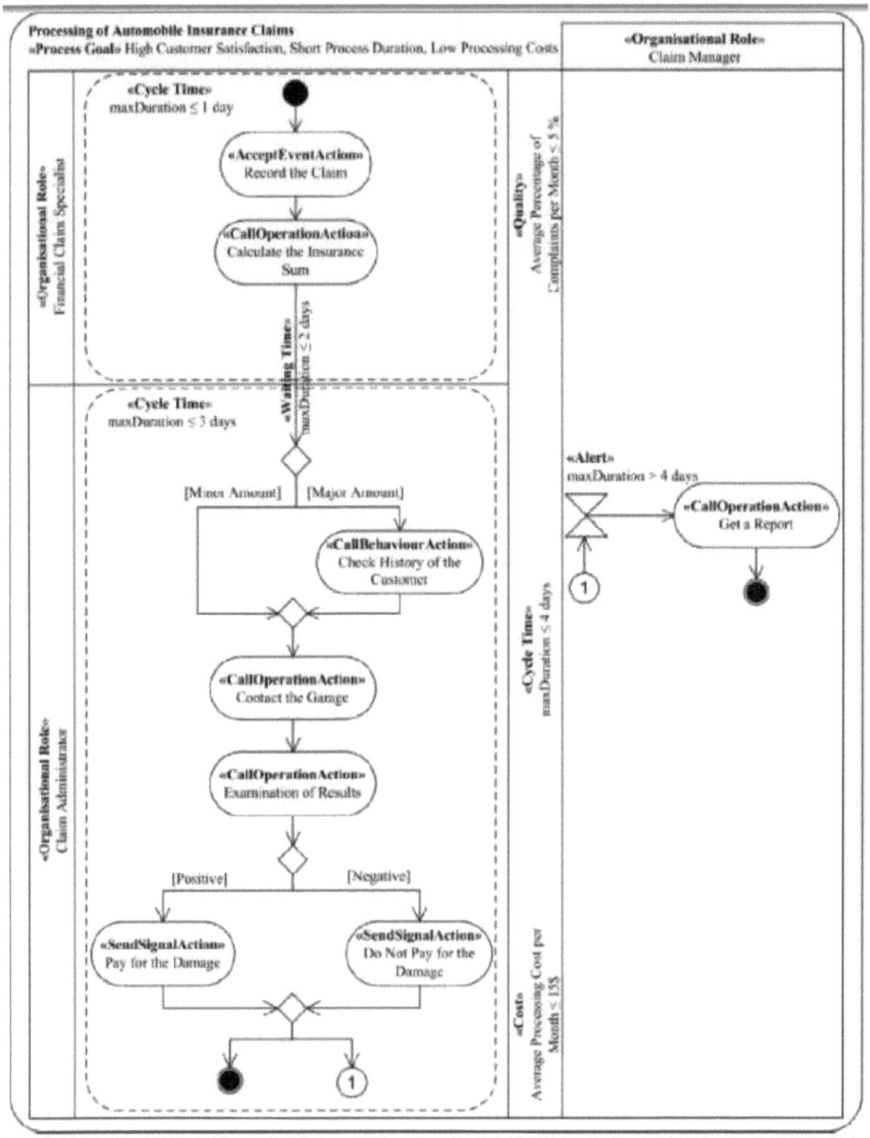

Figura 6-2 Diagrama de actividades com restrições

O seu argumento é que os Diagramas de Atividade fazem parte dos modelos comportamentais da UML 2 e são utilizados para modelar processos empresariais, bem como para descrever fluxos de controlo em software. Os Diagramas de Atividade não têm elementos baseados na qualidade ou na quantidade para medir o desempenho de um processo empresarial. Por exemplo, o modelador de um processo não tem a possibilidade de expressar o limite máximo de tempo para o processamento de uma ação específica - o elemento básico dos Diagramas de Atividade - ou de um grupo de acções. E resolveram este problema com

as Restrições adicionadas ao diagrama.
Os artigos discutidos acima sugerem que o Diagrama de Atividade como eles são, não são bons o suficiente para representar o processo de negócio, mas muito próximos. Nossa conclusão é que podemos adicionar restrições a eles, a fim de torná-los melhores e os Diagramas de Atividades serão então úteis para representar o Processo de Negócios. Pensamos que podemos concluir que a nossa abordagem é boa, uma vez que adicionamos restrições às Actividades para criar algum tipo de controlo sobre os processos de negócio para o Gestor.

6.3.2. Porquê escolher a nossa ferramenta e não a outra?

Como mencionado anteriormente, as outras ferramentas que vimos oferecem a possibilidade de desenhar Diagramas de Atividade e algumas até oferecem a geração de código. Mas a nossa ferramenta vai mais longe e delega o controlo ao gestor. Precisávamos de adicionar restrições aos Diagramas de Actividades para estarmos em conformidade com a modelação de Processos Empresariais. Algumas das ferramentas mencionadas anteriormente têm a possibilidade de adicionar perfis para que possamos desenhar Diagramas de Actividades com restrições, embora não tenhamos encontrado nenhuma que nos permita gerar código a partir de Diagramas de Actividades com perfis.
Assim, se quiser obter os caracteres específicos do MADE, precisará de algo mais do que o que as outras ferramentas oferecem. Isto significa que alguém que precise de Restrições de Tempo de Execução no Diagrama de Actividades que irá gerar código Java não pode utilizar uma das outras ferramentas tal como estão. Este usuário precisará do MADE. Ele ou ela pode, é claro, criar sua própria transformação para gerar código em muitas dessas ferramentas.
Outro ponto que precisamos de salientar aqui é que, em alguns casos, podemos utilizar o MADE noutros programas como o Rational. Todos os softwares baseados no Eclipse e que permitem plug-ins podem rodar o MADE.
Porquê a plataforma Eclipse com GMF? A Eclipse é uma plataforma de sucesso com um grande número de utilizadores e muitos programadores. Não é apenas uma vantagem, pois vimos que o GMF tinha muitos bugs e isso pode ser causado pelo número de programadores que precisam de ser coordenados. Mas os bugs são corrigidos e isso geralmente acontece muito rapidamente. A outra vantagem é que a comunidade é ativa e há quase sempre alguém que tem uma boa sugestão ou uma solução para os problemas que possa encontrar. O Eclipse e o GMF têm listas de correio eletrónico e fóruns onde se pode obter ajuda. Ao longo deste projeto, nunca houve um problema que não tenha sido resolvido ou que tenha sido contornado.

6.4. Generalização

Há três generalizações que devemos analisar. A primeira é a dos Diagramas de Atividade como modelo para a transformação do modelo em texto que produz código que podemos executar. Na minha opinião, mostrámos que o Diagrama de Actividades é uma possibilidade de usar este conceito. Criámos um programa que está a ser executado a partir de um Diagrama de Actividades. Na verdade, pensamos que é um dos melhores diagramas em UML para transformação de modelo em texto, uma vez que representa acções activas que podem ser facilmente traduzidas como um processo em execução ou um método simples. Especificámos isto no nosso plugin e isso facilita a tarefa, embora não haja razões aparentes que mostrem que não funcionaria para qualquer tipo de transformação.

Depois disso, vamos dar uma olhada no GMF. Utilizámo-lo para criar um editor de diagramas de actividades, mas podemos utilizá-lo para qualquer tipo de diagrama. O projeto da ferramenta UML mostra que podemos criar qualquer diagrama UML. E há muitos outros projectos, como o mapeamento mental, que mostram que há muitas possibilidades. Desde que se possa criar um meta-modelo do que se pretende alcançar, o GMF pode criar um editor de diagramas. No entanto, pode ser muito difícil devido aos poucos conceitos predefinidos. Estamos a falar de conceitos do GMF e existem apenas três. Pode encontrar Nó, Ligação ou Etiqueta. Mesmo que um utilizador seja capaz de representar qualquer coisa com isto, pode demorar muito tempo. No GMF, precisamos de definir a representação gráfica de tudo como um Nó, uma Etiqueta ou uma Ligação e está a funcionar. Mas algumas coisas tão simples e comuns como uma tabela não são tão fáceis de representar. Penso que, mais cedo ou mais tarde, esta funcionalidade será integrada no GMF, mas, por enquanto, não está incluída. O que quero dizer com isto é que a ferramenta ainda é recente e ainda existem alguns erros e melhorias que devem ser feitos para a tornar um padrão utilizado pela maioria de nós.

A última generalização é mais um ponto de usabilidade. Já mencionámos que utilizámos o MADE como uma ferramenta que permite aos utilizadores vigiarem um projeto e que, no nosso caso, precisámos de adicionar uma interface entre a API e o código gerado para adicionar restrições que normalmente não fazem parte do sistema que queremos inspecionar. Por exemplo, o custo do envio de ficheiros não faz normalmente parte da API que envia efetivamente os ficheiros. Deveria haver uma forma de generalizar este processo e não obrigar os programadores a adicioná-lo manualmente.

7. Conclusão

Trabalhamos um longo período neste projeto e vimos muitas mudanças durante este período e podemos dizer com segurança que o Eclipse e o GMF melhoraram. A velocidade desta melhoria é impressionante e prova que a comunidade Eclipse é sólida, dedicada e tem um padrão realmente elevado. Um exemplo relevante é a velocidade de desenvolvimento do GMF, que é excecional. Tem vantagens como a rapidez com que um bug é corrigido e desvantagens como o número de bugs na primeira versão. Também temos de ter em conta que o grupo de desenvolvimento do GMF foi criado há pouco mais de dois anos. Isto também pode ser um sinal de que este tipo de ferramenta é o que a comunidade de desenvolvimento irá adotar nos próximos anos. O Eclipse já é uma plataforma muito conhecida e estável utilizada na maioria das ferramentas que analisámos e o GMF irá certamente reforçar esta posição. Por outro lado, também notámos que o Eclipse pode ser muito pesado quando tem muitos plug-ins instalados.

Com o nosso projeto, mostrámos que existe a possibilidade de criar o tipo de ferramenta que pode dar controlo extra a um gestor com a utilização do Eclipse e do GMF. No entanto, precisámos de adicionar uma interface entre a API e o código gerado, para podermos obter alguns valores para as nossas restrições de tempo de execução. Esta é uma desvantagem da nossa ferramenta e algo que precisa de ser estudado. Como mencionámos neste documento, o principal desafio deste projeto é a comunicação entre a ferramenta e a API.

Outro ponto que o projeto fez é que mostrámos, mais uma vez, que é fácil trabalhar com o Desenvolvimento Orientado por Modelos, uma vez que só precisamos de alterar o Diagrama de Actividades e executar a transformação para termos o novo programa que podemos executar. Esta abordagem de programação será provavelmente utilizada cada vez mais frequentemente quando estiverem disponíveis ferramentas fiáveis.

8. Trabalho futuro

- Gestão bidirecional de projectos. Criar uma lista com possíveis chamadas do gestor e adicionar o possibilidade de utilizar a engenharia avançada para criar novas API (novos métodos) no sistema em utilização. Outra possibilidade seria criar a engenharia inversa como uma transformação de texto em modelo que forneceria uma lista ao gestor de todas as possíveis chamadas de API.
- Trabalhar na generalização da criação da interface entre a API e o controlo de projectos.
- Trabalhar com a usabilidade deste plug-in para o tornar fácil de utilizar.
- Trabalhar com outras normas de modo a criar uma interface melhor e mais fácil para a API. Por exemplo, criar uma tecnologia que utilize Diagramas de Classes com Diagramas de Actividades para definir APIs.

9. Referências

1. Project, E. *Visão geral do Eclipse Modeling Framework (EMF)*. 2006 11-02-2006 [citado; Disponível em: http://www.eclipse.org/emf/docs.php?doc=references/overview/EMF.html.
2. *Estrutura de modelação gráfica*. 2008.
3. OMG (2006) *UML 2.1 Superstructure spec convenience document*. **Volume**, 227-436
4. Ambler, S.W. *Modelagem Ágil - Diagrama de Atividades UML2*. 2006 [citado 2008 2008-05-11]; Disponível em: http://www.agilemodeling.com/artifacts/activityDiagram.htm.
5. *Eclipse*. 2008 [citado 2008 2008-04-06]; Disponível em: http://www.eclipse.org.
6. (2006) *Eclipse Platform Technical Overview*. **Volume**, 19
7. *Gestão de projectos*. 2008 [citado 2008 2008-04-06]; Disponível em: http://en.wikipedia.org/wiki/Project management.
8. Hunt, A. e D. Thomas. *Os Programadores Pragmáticos*. 2008 [citado 2008 2008-05-12]; Disponível em: http://www.pragprog.com/.
9. Rik Eshuis, R.W. (2002) *Comparing Petri Net and Activity Diagram Variants for Modelação do fluxo de trabalho - Uma procura de redes de Petri reactivas*. **Volume**, 1-30
10. Ali, J. e J. Tanaka, *Implementing the Dynamic Behavior Represented as Multiple State Diagrams and Activity Diagrams*. Journal of Computer Science and Information Management (JCSIM), 2001. **2**(1): p. 22-34.
11. Eshuis, R. (2003) *Semantics and Verification of UML Activity Diagrams for Workflow Modelling*. **Volume**, 1-36
12. Bill Moore, D.D., Anna Gerber, Gunnar Wagenknecht, Philippe Vanderheyden (fevereiro de 2004) *Eclipse Development using the Graphical Editing Framework and the Eclipse Modeling Framework*. **Volume**,
13. *Ferramentas de Desenvolvimento de Modelos (MDT)*. 2008 [citado 2008 2008-05-12]; Disponível em: http://www.eclipse.org/modeling/mdt/?project=uml2.
14. *MDT-UML2*. 2008 [citado 2008 200-05-12]; Disponível em: http://wiki.eclipse.org/MDT-UML2.
15. *Página inicial do MOFScript*. 2007 [citado 2008 2008-02-16]; http://www.eclipse.org/gmt/mofscript/doc/MOFScript-Project-Description.doc, http://www.eclipse.org/gmt/mofscript/doc/MOFScript-User-Guide.pdf]. Disponível em: http://www.eclipse.org/gmt/mofscript/ http://www.modelbased.net/mofscript/.
16. LLC, G. *MyEclipseIDE*. [citado; Disponível em: http://www.myeclipseide.com/.
17. *PapyrusUML*. [citado 2008 2008-04-06]; Disponível em: http://www.papyrusuml.org.
18. *Pacote org. eclipse. emf. ecore*. 2008 [citado 2008 2008-05-12]; Disponível em: http://download.eclipse.org/modeling/emf/emf/javadoc/2.4.0/org/eclipse/emf/ecore/ package-summary.html.
19. *Wikipédia*. Wikipedia 2007 [citado 2007 2007-10-02]; Disponível em: http://en.wikipedia.org/.
20. *Recursos (Ciência da Computação)*. Wikipedia 2007 [citado 2007 2007-10-02]; Disponível em: http://en.wikipedia.org/wiki/Resource %28computer science%29.
21. *Recurso (Economia)*. Wikipedia 2007 [citado 2007 2007-10-02]; Disponível em: http://en.wikipedia.org/wiki/Resource %28economics%29.
22. *Recurso (tipos e desenvolvimentos)*. Wikipédia 2007 [citado 2007 2007-10-02]; Disponível em: http://en.wikipedia.org/wiki/Resource %28 tipos e desenvolvimentos%29.
23. Heidelberg, *Data modeling in UML and ORM revisited*. Proc. EMMSAD'99: 4º Workshop Internacional IFIP WG8.1 sobre Avaliação de Métodos de Modelação em Análise e Conceção de Sistemas, 1999. **junho de 1999** (junho de 1999).
24. Goede, K.d. e J. Irizarry, *Understanding tool requirements for Model Driven Architecture*. 2008: p. 6.
25. *M2M*. 2008 [citado 2008 2008-06-01]; Disponível em: http://www.eclipse.org/m2m/.
26. *Modelo para texto (M2T)*. 2008 [citado 2008 2008-06-01]; Disponível em: http://www.eclipse.org/modeling/m2t/.
27. Eisenecker, K.C.a.U.W. *Generative Programming - Methods, Tools, and Applications [Programação Generativa - Métodos, Ferramentas e Aplicações]*. 2000 [citado 2008 2008-05-31]; Disponível em: http://www.generative- programming.org/.
28. *Software Factories*. msdn 2008 [citado 2008 2008-05-31]; Disponível em: http://msdn.microsoft.com/en-us/architecture/aa699360.aspx.
29. *OMG Model Driven Architecture*. 2008 [citado; Disponível em:

http://www.omg.org/mda/
http://www.omg.org/mda/specs.htm.
30. Hans-Erik Ericsson, M.P. *Business Modeling with UML*. **Volume**,
31. NORA KOCH, A.K., CRISTINA CACHERO E SANTIAGO MELIÀ *Modelação de Processos de Negócio na Web com OO-H e UWE*. **Volume**,
32. Nick Russell, W.M.P.v.d.A., Arthur H.M. ter Hofstede, Petia Wohed (2006) *On the Suitability of UML 2.0 Activity Diagrams for Business Process Modelling*. **Volume de** Investigação e Prática em Tecnologias da Informação, 1-10
33. List, B.K.a.B. (2006) *Extending the UML 2 Activity Diagram with Business Process Goals and Performance Measures and the Mapping to BPEL* . **Volume**, 1-12

Apêndice

Abreviaturas utilizadas no presente documento

Abreviatura	Significação
GEF	Estrutura de edição gráfica
MOF	Mecanismo Meta-Objeto

A criação da MADE

- Criamos um projeto GMF.

- Importamos o UML.ecore e o UML genmodel do plug-in UML para o nosso projeto. Adicionamo-los como ecore e genmodel ao nosso projeto GMF.

- Adicionamos um gmfgraph ao nosso projeto. Em seguida, criamos a representação gráfica de todos os nós e ligações no gmfgraph. Há duas partes neste processo: definir a representação gráfica e associar o nó ou a ligação à representação gráfica. Existe uma lista de caixas predefinidas (retângulo, retângulo arredondado, etc.) e pode criar o seu próprio polígono. Pode adicionar formas criadas com código Java ou utilizar a ferramenta de modelação de polígonos do GMF. Basta adicionar os pontos que representam os cantos da forma pretendida. Basta adicionar coordenadas para cada ponto em termos de X (a distância horizontal do centro) e Y (a distância vertical do centro). A única coisa com que tem de ter cuidado é a ordem em que define cada ponto. O utilitário de desenho desenhará os pontos na ordem em que os criar

.

Figura 0-1 O nosso gráfico gmf

- Adicionamos agora a ferramenta gmftool ao nosso projeto. Esta é a lista de ferramentas à direita que usamos para criar um novo elemento no nosso diagrama. Isto é chamado de paleta no Eclipse. Primeiro criamos todos os grupos de ferramentas. Esses são os grupos que aparecerão na paleta. Cada grupo é separado por uma linha na paleta. Há também a possibilidade de criar um menu suspenso para os elementos. Por exemplo, se quiser que o nó de decisão e o nó de fusão estejam no mesmo lugar no menu, pode criar o menu pendente onde o utilizador poderá escolher entre os dois.

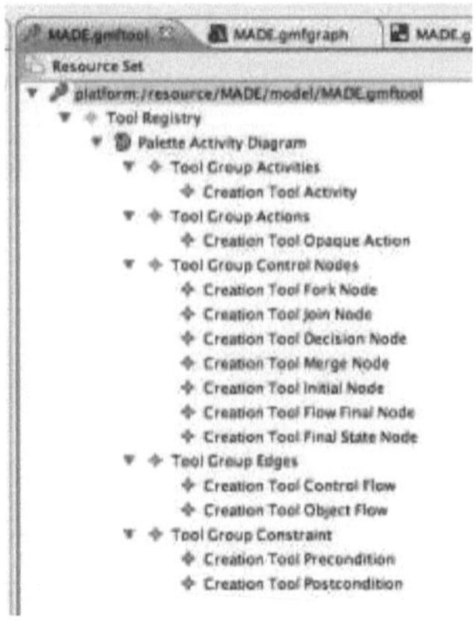

Figura 0-2 O nosso gmftool

Adicionamos agora o gmfmap ao nosso projeto. Aí, vamos mapear (associar) um elemento UML a uma representação gráfica e a uma ferramenta. A associação é importante e é bastante direta. O desafio aqui é ter cada elemento no nível correto. Por exemplo, temos de ter todas as acções dentro da atividade. Isto significa que a Ação está num nível abaixo da Atividade. Além disso, o nome da Ação está num nível inferior ao da Ação, pelo que estará dentro da Ação. A Figura 0-3 mostra que o mapeamento da atividade tem uma referência filha para cada nó que incluiremos no nosso diagrama de atividade.

Figura 0-3 O nosso gmfmap

- Geramos o modelo genético. Clicamos com o botão direito do rato no gmfmap e seleccionamos "create generator model..." na lista. Podemos fazer algumas alterações aqui, mas nem sempre é necessário. Podemos alterar, por exemplo, o nome do projeto que será criado a partir deste modelo.

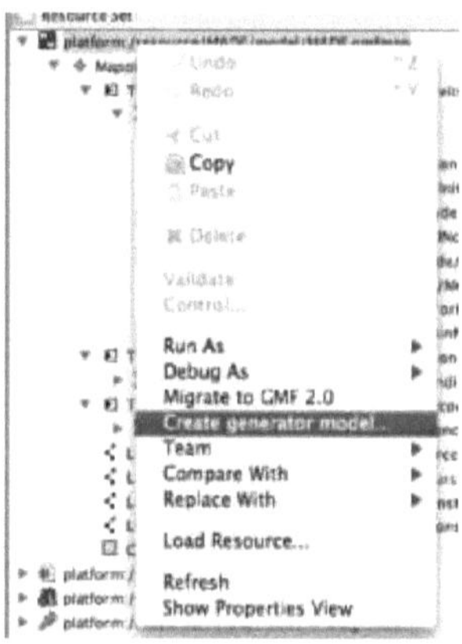

Figura 0-4 criar modelo de gerador...

- Agora clicamos com o botão direito do mouse no arquivo genmodel gerado e escolhemos "gerar o código" para o editor do Diagrama de Atividades. Será gerado um novo projeto no nosso espaço de trabalho Eclipse. Este projeto inclui todo o código necessário para executar o nosso plug-in.

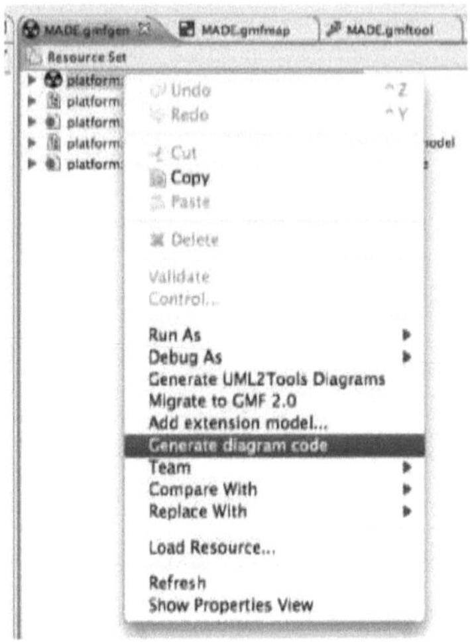

Figura 0-5 Gerar código de diagrama

Agora podemos clicar com o botão direito do mouse no novo projeto e "run as" -> "Eclipse Application" e temos nosso editor de Diagrama de Atividades rodando como um plug-in do Eclipse. Esta é a maneira mais fácil de executar o Eclipse com nosso novo plug-in. Podemos, é claro, exportar o código como um plug-in do Eclipse e fazer com que o Eclipse o use quando for iniciado.

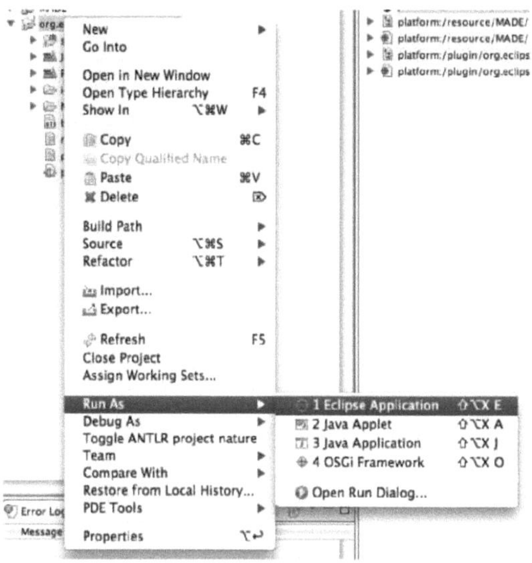

Figura 0-6 Executar o nosso plug-in

MIX
Papier aus verantwortungsvollen Quellen
Paper from responsible sources
FSC® C105338

Printed by Books on Demand GmbH, Norderstedt / Germany